[図解] 知りたいことが
すぐわかる 平成18年度版

Q&A
定年前後の
手続ガイドブック

清文社

はじめに

　会社に勤めていると、健康保険や雇用保険、年金や税金関係の手続など、その会社がほとんどやってくれましたが、いざ定年になると、すべてを自分でやらなくてはなりません。
　誰でも「ゆとりある老後」を願っていますが、自分で行動しないと、誰も、何も教えてはくれません。これから定年を迎え、あるいは、迎える方々が、やらなければならないことは、多岐にわたり、これらを習得するには、各分野の本をかなり読まなければ理解できないほど複雑です。
　定年後の生活の糧となるものは、まず年金ですが、年金制度は昭和36年4月の「国民皆年金」の実現以降、たびたびの制度の改正により、年金額の減少、保険料の引上げ、支給開始年齢の引上げなどが行われており、平成16年の改正に至っては、年金専門家でさえ理解に苦しむほど複雑怪奇な制度になっており、一般の国民にはどんどんわかりにくいものになってきております。
　数年前までは、定年後は、まがりなりにも年金のみで生活できた人もいたのですが、平成13年に開始された「厚生年金の支給開始年齢の引上げ」以後においては、男性の場合、定年後すぐには年金を満額で受給できなくなっています。このため、平成18年4月からの高年齢者雇用安定法の改正では、従業員が年金を満額受給できる年齢まで、定年の延長または継続雇用が、企業に義務づけされました。
　これからは、年金の知識はもちろんのこと、年金と雇用保険との関係、特に年金を満額受給できるまでの働き方や年金と雇用保険を有利に受給する方法、医療保険、介護保険、さらには老後の生活資金や税金などについても、自分のライフスタイルのなかで、どのような選択がよいのかを自分

で決めなければなりません。

　現在は自己責任時代といわれますが、快適かつ充実した老後をおくるためにはさまざまな知識が必要になってきます。これらのことを知っているか・知らないかで、定年後の生活に大きな違いが出てくるのが現実です。

　本書においては、PART 1 で、定年後の大まかなスケジュールをつかんでいただいたうえで、以下 PART 2 で一般的な基礎知識、PART 3 で公的年金の老齢給付、PART 4 で雇用保険、PART 5 で医療・介護保険、PART 6 でライフプランと税金について、それぞれ必要なことを、Q&A形式で、図解により、わかりやすく説明しております。

　これから定年を迎える方々、迎えられた方々に少しでもお役にたてば幸いです。

　　2006年9月

　　　　　　　　　　　　　　　　　　　　年金評論家　田中章二
　　　　　　　　　　　　　　　　　　公認会計士・税理士　福原邦雄

Contents
目次

はじめに

PART 1　定年前後の一般的なスケジュール

スケジュール管理表

PART 2　定年前後の一般知識

- Q1　定年前後で知っておくべき事項 …………………………10
- Q2　定年前後に用意しておくべき書類 ………………………12
- Q3　厚生年金の受給見込額① ………………………………14
- Q4　厚生年金の受給見込額② ………………………………16
- Q5　年金加入歴の重要性 ……………………………………18
- Q6　退職金の受給の仕方と税金の関係 ……………………20
- Q7　退職時に会社から渡される書類 …………………………22
- Q8　高年齢者雇用安定法の改正 ……………………………24
- Q9　再就職先による有利・不利 ………………………………26
- Q10　再就職期間による有利・不利 ……………………………28
- Q11　再就職により決まる雇用保険 ……………………………30
- Q12　厚生年金の増額方法 ……………………………………32
- Q13　雇用保険を受給中に病気やケガをしたとき ……………34

PART 3 公的年金の老齢給付（厚生年金・国民年金）

老齢年金の受給要件・受給額と手続

- Q14 老齢年金等の受給要件 ……………………………… 38
- Q15 特別支給の老齢厚生年金の計算 ……………………… 40
- Q16 老齢厚生年金受給額の目安を算出する方法 ………… 42
- Q17 老齢基礎年金を増額させるポイント ………………… 44
- Q18 国民年金の老齢基礎年金額を簡単に算出する方法 … 46
- Q19 特別支給の老齢厚生年金の請求時期 ………………… 48
- Q20 年金請求に必要な添付書類 …………………………… 60
- Q21 国民年金・厚生年金保険年金証書の到着 …………… 62
- Q22 厚生年金基金加入者の年金請求 ……………………… 64
- Q23 年金の実際の受取りについて ………………………… 66
- Q24 現況届を提出する目的 ………………………………… 68
- Q25 定額部分受給時の手続 ………………………………… 70
- Q26 65歳時の老齢基礎年金・老齢厚生年金の手続 ……… 72
- Q27 特別支給の老齢厚生年金の受給年齢 ………………… 74
- Q28 特別支給の老齢厚生年金の受給──通常受給 ……… 76
- Q29 特別支給の老齢厚生年金の受給── 一部繰上げ …… 78
- Q30 特別支給の老齢厚生年金の受給──全部繰上げ …… 80
- Q31 厚生年金期間と国民年金期間がある場合の年金手続 … 82
- Q32 雇用保険受給後の年金請求 …………………………… 84

年金の有利な受給方法

- Q33 加給年金の受給要件 …………………………………… 86
- Q34 加給年金の停止 ………………………………………… 88
- Q35 加給年金の有利な受給方法 …………………………… 90

Q36	内縁関係の加給年金	92
Q37	在職老齢年金に該当せずに年金を受給する方法	94
Q38	第3号被保険者の年金	98
Q39	国民年金（老齢基礎年金）の繰上げ制度の注意点	100
Q40	定年後の再就職等による老齢厚生年金への影響	102
Q41	在職老齢年金を制限されることなく受給する方法	104
Q42	厚生年金保険料の納付義務	106
Q43	60歳以降の厚生年金期間の反映時期	108
Q44	再就職時の厚生年金	110
Q45	60歳で定年退職したときの選択	112
Q46	再就職は妻が60歳になるまでにしたほうが有利か	114
Q47	厚生年金長期加入特例とは	116
Q48	厚生年金と雇用保険の調整	118
Q49	厚生年金と雇用保険の双方を受給できる時期	120

PART 4　雇用保険

Q50	基本手当日額はどう決まるのか	124
Q51	雇用保険の受給手続	126
Q52	雇用保険の基本手当に関する支給制限	130
Q53	雇用保険の基本手当受給手続と支払日	132
Q54	失業認定を受けるための条件とは	134
Q55	定年後の雇用保険（基本手当）の受給	136
Q56	基本手当を少しでも有利に受給する方法	138
Q57	定年後の雇用保険（基本手当）の給付日数	140
Q58	定年後の雇用保険（基本手当）の算出方法	142
Q59	再就職が決まったときに受給できる給付とは	144

Q60	雇用保険の受給資格者と公共職業訓練の受講	146
Q61	訓練延長給付を受給する方法は	148
Q62	高年齢雇用継続給付の受給要件	150
Q63	基本手当受給後の再就職手当と高年齢再就職給付金	154
Q64	65歳以降に退職した場合の高年齢求職者給付金	156

PART 5　医療・介護保険

Q65	退職後の医療保険の選択肢は	160
Q66	国民健康保険か健康保険任意継続どちらが有利か	162
Q67	健康保険の任意継続の手続期限	164
Q68	国民健康保険の保険料（税）の算出方法	166
Q69	高額療養費の考え方	168
Q70	老人保健制度とはどういったものか	170
Q71	介護保険の仕組み	172
Q72	介護保険料の徴収	174
Q73	65歳前に介護保険は使えるか	176
Q74	介護保険の利点	178

PART 6　ライフプランと税金

Q75	老後の生活に必要な資金の額は	182
Q76	老後のための資金プランの作成	184
Q77	老後の生活におけるリスク	188
Q78	退職金を運用するにあたっての注意点	190
Q79	具体的な退職金の運用方法とは	192

Q80	退職金による住宅ローン一括返済は損か得か	194
Q81	退職による住民税の一括支払い	196
Q82	年の途中で退職したときの税金の取扱いは	198
Q83	退職金に課せられる税金の種類	200
Q84	退職金の一部を年金で受け取る場合の税金	202
Q85	会社に勤務している年金受給者の確定申告	204
Q86	確定申告で誤った計算をしてしまったとき	206
Q87	税額控除（配当控除）と確定申告	208
Q88	マイホームの名義と税金の関係とは	212
Q89	住宅ローン控除とは	214
Q90	確定申告の所得控除	216
Q91	医療費控除とはどういうものか	218
Q92	財形貯蓄の中途解約等と税金	220
Q93	働き方によって異なる納税方法	222
Q94	生命保険は相続税・所得税どちらの精算が得か	224
Q95	贈与税とはどんな仕組みか	226
Q96	贈与税と相続時精算課税制度の関係	228
Q97	贈与税の配偶者控除の特例とは	230
Q98	相続税の仕組みとは	232
Q99	相続税の計算の仕組みとは	234

資料1	生年月日別年金計算早見表（老齢基礎・老齢厚生年金）	238
資料2	定年前後の手続用語ミニ解説	239

本書のPart1〜5は平成18年10月1日現在の法律に基づいて、Part6は平成18年1月1日現在の法律に基づいて作成されています。

Book design：BSL（鈴木弘）

[Part 1] 定年前後の一般的なスケジュール

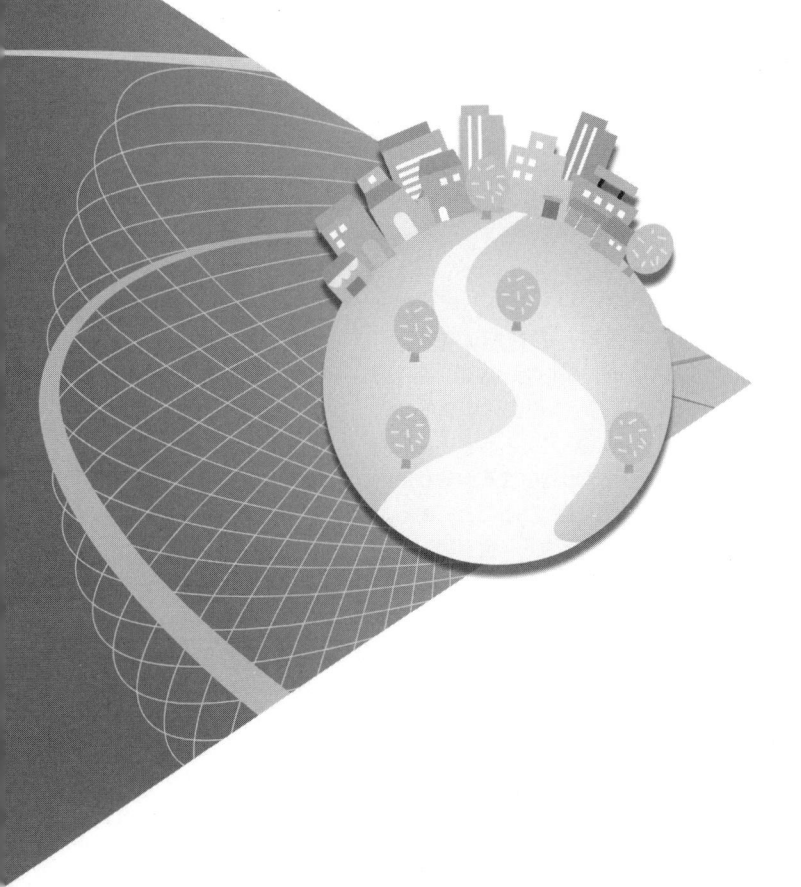

スケジュール管理表

　ここでは定年前後の一般的なスケジュールについて確認しておきます。定年前後には、「年金手帳」「雇用保険被保険者証」の有無の確認から、住民税の徴収不足分の納付方法、厚生年金の手続、妻（夫）の国民年金の手続など、すべての手続を自分自身で行う必要があります。

　いきなり細かな手続の確認を行う前に、先に大まかなスケジュールつかんでおくことが、後々の"手続漏れ"を防ぐコツになります。

一般的なスケジュール	予　定	チェック（再）
◎「年金手帳」（基礎年金番号）の有無の確認 　年金手帳（基礎年金番号）を紛失したときは、会社の所在地を管轄する社会保険事務所へ再交付申請をする（定年退職予定日の半年前ぐらいまでに）。年金手帳の再交付は基礎年金番号がわかっている場合はすみやかに行われるが、不明のときは１か月以上かかることもある。なお、年金手帳が２冊以上あるときは「年金手帳記号番号登録処理票」を提出して、基礎年金番号を１つにしておく。	あなたの予定年月日を記入してください	□　□
◎「ターンアラウンド用国民年金・厚生年金保険老齢給付裁定請求書」の送付 　老齢年金の受給資格期間のある方には、60歳または65歳の３か月前に「ターンアラウンド用国民年金・厚生年金保険老齢給付裁定請求書」が自宅に郵送されてくるので、そこに記載されている年金加入期間の内容を確認する（詳しくはPART３を参照）。		□　□

◎「雇用保険被保険者証」の有無の確認 　この被保険者証は、公共職業安定所(以下、ハローワーク)で求職申込みをして「失業認定申告書」を受けるときに必要になる。		□ □
◎年金見込額の試算依頼 　定年退職予定日の数か月前に社会保険事務所で「年金相談受付票」に所定事項を記入のうえ、「年金見込額照会回答票」と「被保険者記録照会回答票」の交付を受けてみる。経歴が実際と違い欠落期間がないかを確認するためにもぜひ行ってみる。		□ □
◎「退職所得の受給に関する申告書」の提出 　この申告書を会社に提出して退職金を受領する。申告書は会社の担当者が備えている(詳細はPART 2参照)。		□ □
◎雇用保険の「離職証明書」などの確認 　会社がハローワークに提出する「雇用保険被保険者資格喪失届」と「離職証明書」を見せてもらい、離職理由などの記載を確認して記名押印もしくは署名する(退職日の前日ぐらい)。もし誤りがあれば、ただちに訂正を申し入れる。		□ □
◎住民税の徴収不足分の納税方法を決める 　住民税の徴収不足分があるときは、定年退職日によって納税方法が違うので、会社の担当者と相談する。		□ □
◎定年退職の日(予定日)		□ □
◎健康保険証の返却 　定年退職日に健康保険証を会社に返却し、退職してから国民健康保険に加入するか、在職中に加入していた健康保険(組合)の任意継続などの手続をすることになる。		□ □
◎「離職票」「雇用保険被保険者六十歳到達時等賃金証明書」を受け取る 　「雇用保険被保険者離職票」は、退職後に会社から郵送されるか、受取りに行く。退職後14日をすぎても発行してもらえないときは催促する。		□ □
◎厚生年金の手続に必要な添付書類の準備 　戸籍謄本、住民票(家族全員記載のもの)、配偶者の所得証明書または非課税証明書、年金手帳(基礎年金番		□ □

スケジュール管理表

号)、配偶者の年金手帳(基礎年金番号)、印鑑などを準備する(60歳以降)。		
◎雇用保険(失業給付)の手続に必要な添付書類の準備 　雇用保険被保険者離職票に添付する書類として、雇用保険被保険者証、運転免許証(なければ住民票の写しと国民健康保険者証など2枚以上)、写真2枚、印鑑、本人名義の普通預金通帳(郵便局は除く)などを準備する。		□ □
◎特別支給の老齢厚生年金を請求 　原則として最後に勤めていた会社の所在地を管轄する社会保険事務所へ「国民年金・厚生年金保険老齢給付裁定請求書」(ターンアラウンド用または青い用紙)に所定事項を記入して、添付書類とともに提出する(詳しくは PART 3 を参照)。		□ □
◎雇用保険の受給資格決定を受ける 　住所地を管轄するハローワークに「離職票」(1と2)、「求職票」を提出し、受給資格の確認を受けると説明会の日時が指定され、「雇用保険受給資格者のしおり」が渡される。 　※再就職の意思表示がないと失業給付は受けられないので注意する。		□ □
◎受給説明会への出席 　受給資格決定日から約10日後の説明会に出席すると、「雇用保険受給資格者証」「失業認定申告書」が渡され、第1回目の「失業認定日」が指定される。		□ □
◎第1回目の失業認定日 　受給説明会の約2週間後(受給資格決定日から4週間以内)、「失業認定申告書」に所定事項を記入して提出し、失業認定を受ける。		□ □
◎失業給付(基本手当)の支給開始 　第1回目の失業認定から約1週間後に、指定した金融機関の預金口座に基本手当が振り込まれる。		□ □
◎指定された日にハローワークで認定を受ける 　再就職をしないかぎり、4週間に1回ハローワークに行き(第1回目と同じ曜日になる)、「失業認定申告書」を提出して認定を受ける。		□ □

◎在職中に加入していた健康保険の任意継続手続をする 　定年退職日の翌日から20日以内に、「健康保険任意継続被保険者資格取得申請書」を住所地を管轄する社会保険事務所（健康保険組合の場合はその組合）に提出し、任意継続の手続をする。用意するのは健康保険被扶養者届、印鑑、資格取得月の保険料（このあと毎月10日までに2か月分の保険料を納めることになる）。		□ □
◎妻（夫）の国民年金の手続 　妻（夫）が60歳未満で夫（妻）の被扶養者になっているときは、夫（妻）が定年退職日の翌日から14日以内に市区町村役場に「国民年金被保険者資格取得届（申出）書・種別変更（第1号被保険者該当）届書」を提出して、第3号から第1号への変更を行い、国民年金保険料を納めなければならない。用意するものは本人および妻の年金手帳と印鑑など。		□ □
◎「国民年金・厚生年金保険年金証書」の到着（申請後約1～2か月後） 　「国民年金・厚生年金保険老齢給付裁定請求書」の提出から約1～2か月後に社会保険業務センターから「国民年金・厚生年金保険年金証書」と「年金裁定通知書」が送られてくる（詳細はPART3を参照）。		□ □
◎厚生年金基金の加入歴がある人は退職年金の裁定請求 　厚生年金基金の加入歴がある人は基金に対しても「年金裁定請求書」と基金指定の添付書類を添えて手続が必要になる（詳細はPART3を参照）。		□ □
◎特別支給の老齢厚生年金の受給開始 　「年金証書」「裁定通知書」の到着から50日後ぐらいに、指定した金融機関の預金口座に第1回目の年金が振り込まれる。		□ □
◎公共職業訓練校等の入校日（入校希望する人のみ）		□ □
◎基本手当の支給が終了 　定年退職の場合、待期7日の翌日から5か月あまりで基本手当の支給が終了する。		□ □

◎公共職業訓練校等に入校した人の基本手当延長期限日（通常は入校後6か月）		☐ ☐
◎所得税の「確定申告書」を提出 　　住所地を管轄する税務署へ所得税の「確定申告書」を提出する（毎年2月16日〜3月15日の間）。その際、各種の添付資料と印鑑を持参する。		☐ ☐
◎住民税の普通徴収支払日 　　住民税は後払いのため、定年前の収入に応じて定年退職後も支払いが発生するので、決められた日までに必ず納付する。		☐ ☐
◎「扶養親族等申告書」の提出 　　社会保険業務センターから毎年11月中旬に送られてくる「公的年金等の受給者の扶養親族等申告書」に所定事項を記入して返送する。		☐ ☐
◎老齢厚生年金加給年金額加算開始事由該当届（生計維持申立書）の提出（ハガキ） 　　年金請求から加給年金が支給されるまでの間が数年後の人について、加給年金支給開始年齢到達月の上旬までに社会保険業務センターから送られてくるので、所定事項を記入して返送する。		☐ ☐
◎国民年金・厚生年金保険・船員保険年金受給権者現況届（生計維持申立書） 　　年金請求から加給年金が支給されるまでの間が1年以上ある人について、加給年金支給開始年齢到達月の上旬までに社会保険業務センターより送られてくる。所定事項を記入して返送する。		☐ ☐
◎「現況届」の提出 　　毎年、誕生日の前月から当月上旬くらいに社会保険業務センターから送られてくる「年金受給権者現況届」に署名捺印して返送する。		☐ ☐
◎65歳時の老齢基礎年金・老齢厚生年金の手続 　　特別支給の老齢厚生年金を受けている人が65歳になると、改めて老齢基礎年金と老齢厚生年金の裁定請求をすることになる。「国民年金・厚生年金保険老齢給付裁定請求書」（ハガキ）が、社会保険業務センターから送られてくるので、所定事項を記入して返送する（その年は現況届提出の必要はない）。		☐ ☐

◆社会保険事務所	（勤務地）	☎ （	）
	（住所地）	☎ （	）
◆企業年金連合会（厚生年金基金）		☎ （	）
◆公共職業安定所（ハローワーク）	（住所地）	☎ （	）
◆税務署	（住所地）	☎ （	）
◆市区町村役場	（住所地）	☎ （	）
◆保健所	（住所地）	☎ （	）
◆最後の勤務会社		☎ （	）
◆健康保険組合		☎ （	）
◆警察署		☎ （	）
◆（　　　　　　　）		☎ （	）
◆ねんきんダイヤル　これから受給する方		☎ 0570（ 05	）1165
受給されている方		☎ 0570（ 07	）1165

参考　夫婦の老後生活設計（ライフプラン）

・老後の最低生活費月額　242,000円
・老後のゆとりある生活費月額　379,000円

夫の年金月額　□
　　　　＋
妻の年金月額　□
　　　　＝
夫婦年金月額合計　Ⓐ　　　　Ⓐ　　　　Ⓐ
　　　　＋
夫の給与等月額　Ⓑ　　　　Ⓑ　　　　Ⓑ
　　　　＋
妻の給与等月額　Ⓒ　　　　Ⓒ　　　　Ⓒ
　　　　＋
その他の収入月額　Ⓓ　　　　Ⓓ　　　　Ⓓ
　　　　＝
夫婦の収入月額合計　Ⓔ　　　　±　　　　±

※生活費月額（生命保険文化センター調査）から夫婦収入月額を引いた金額がマイナスの場合には何らかの対策を講じてください（平成18年度月額。詳しくはPart 6参照）。

[Part 2]
定年前後の一般知識

1 定年前後で知っておくべき事項

 定年前後の段階で、最低限、身につけるべき知識にはどういったものがあるのでしょうか。

A この本に書かれている内容は最低限の知識であると考えていただければと思います。特に定年後はすべての手続を自分自身で行わなければなりません。そのため、公的年金や雇用保険、税金（退職金と年金）や健康保険、介護保険等はもちろん、そのほかにも老人保健、贈与・相続等に関係する内容は把握しておかなければなりません。

　定年前は、それまで勤めていた会社がほとんどの手続を行ってくれました。しかし、いざ定年となれば退職後のことはすべて自分自身で行わなければなりません。厚生年金等の手続義務定年後の再就職先である会社にはありませんから、自ら処理しなければなりません。また、雇用保険にも基本手当（失業給付）や雇用継続給付などといったさまざまな給付があり、基本手当のもらい方や手続の仕方によって給付等にかなりの差が出てきます。さらには退職後の健康保険等の手続の問題、あるいは退職金の受取方ひとつでも納税額に有利・不利が生じますから、最低限の知識を持つか・持たないかで大きな差が出てきます。

　図表1にもあるように、AからFまでで自分に関係する部分については知っておかないと誰も教えてくれません。第二の人生と老後の暮らしを豊

Point 定年後（継続雇用後）はすべての面で自ら行動しなければなりません。手続を知るか知らないかで大きな差が生まれますので、注意をしてください。

かにするためにも、最低限の知識をこの本から学んでいただきたいものです。

図表1　定年前後に知るべき事項

2　定年前後に用意しておくべき書類

Q 定年前後に最低限用意すべき書類は年金手帳（基礎年金番号）と雇用保険被保険者証だけでいいのでしょうか。

A もちろん、このほかにもありますが、定年後すぐに必要になるものはまずその2つです。会社を退職すると公的年金（厚生年金）と雇用保険（基本手当）の手続がすぐに必要になりますから、年金手帳（基礎年金番号、厚生年金被保険者証）・雇用保険被保険者証の準備をしておいてください。

　法改正（Q8参照）により定年の年齢は65歳まで段階的に引き上げられますが、現在のところ、定年に関する基本的な選択肢としては3つあります。
① 定年年齢を引き上げる（定年を60歳から62歳以上にする）
② 定年制の廃止（エイジフリー）
③ 継続雇用制度の導入（定年は60歳のままだが、働きたい人は62歳以上まで継続雇用する）

　60歳で退職する方もいるでしょうし、継続雇用を希望し62歳になって退職する方もいると思います。60歳で定年退職を希望する方は図表2の書類がすぐに必要になりますが、継続雇用の方は、当面、公的年金の書類のみがすぐに必要になり、継続雇用を終えた62歳のときに雇用保険の書類が必要になります。厚生年金は60歳になってから、雇用保険は会社を退職して

Point 定年制度は平成18年4月から変わることになりました。それに応じて自分の会社の定年がどのように変わったのか確認してみてください。

から手続をすることになりますので、退職の前に図表2に記載しているものは準備しておき、その時期になったらすぐ手続をしてください。

図表2　定年前後に用意すべき書類

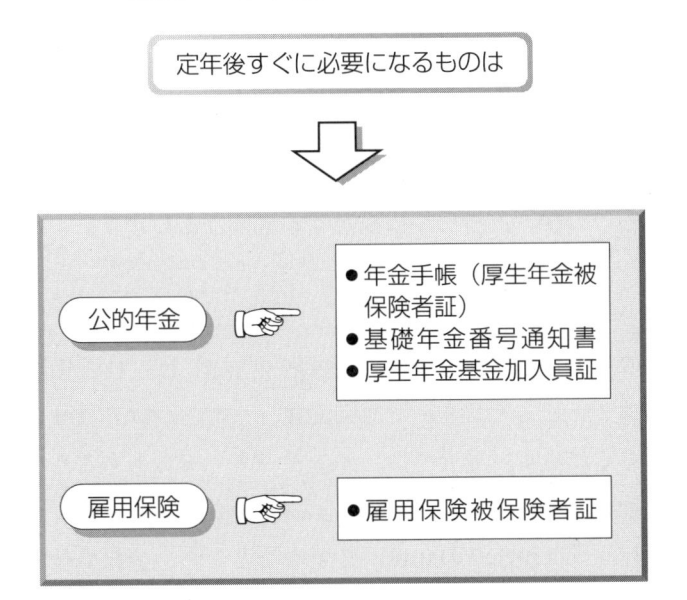

定年後すぐに必要になるものは

公的年金	☞	● 年金手帳（厚生年金被保険者証） ● 基礎年金番号通知書 ● 厚生年金基金加入員証
雇用保険	☞	● 雇用保険被保険者証

3 厚生年金の受給見込額①

Q そろそろ定年が近いことから、定年後の生活設計を考えるために、厚生年金がどれだけ受給できるかを知りたいのですが、その方法にはどういったものがあるのでしょうか。

A 老後の生活の糧となる厚生年金（特別支給の老齢厚生年金）の受給見込額は、原則50歳以上であればどこの社会保険事務所でも算出してくれます。ただし、受給の仕方には「通常受給」「一部繰上げ」「全部繰上げ」の３つがありますので、どの方法で算出してもらうのか、こちらから指定する必要があります。

厚生年金の受給見込額（特別支給の老齢厚生年金）は、社会保険事務所または年金相談サービスセンターで原則50歳（一部では異なります）以上であれば算出してくれます。最近では、インターネットはもちろん携帯電話からでも（平成17年12月１日から）算出できるようになっていますが、携帯電話で算出を行うにはかなりの知識が必要なことから、受給の仕方別に対応してくれる社会保険事務所が最も確実と思われます。

老後の生活の糧になる厚生年金ですから、できれば60歳になる手前で数字を出してもらうより、最低でも55歳になった時点で年金見込額照会回答票を出してもらい、不足分をどのようにするかとか、あるいは何歳まで勤務を考えるかといった計画を練っていただけたらと思います。

年金額によって将来の人生が変わってしまうといっても過言ではありません。早目の見込額算出をお勧めします。

Point 60歳から受給できる金額が平成13年４月から変わっており、65歳未満の年金額は生年月日によって大きく異なります。

図表3　厚生年金の受給見込額の算出

年金見込額試算を出してもらう

年金手帳（厚生年金被保険者証）等を持参して社会保険事務所で算出してもらう

制度共通年金見込額照会回答票

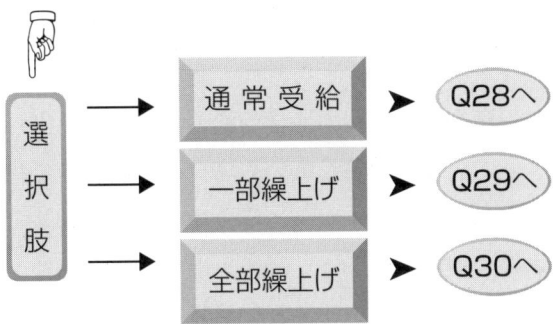

選択肢
→ 通常受給 ▶ Q28へ
→ 一部繰上げ ▶ Q29へ
→ 全部繰上げ ▶ Q30へ

3　厚生年金の受給見込額①　15

4　厚生年金の受給見込額②

Q 年金見込額の試算を調べるときに社会保険事務所等で気をつけるべきことには何があるのでしょうか。

A 近くの社会保険事務所等で年金手帳（基礎年金番号通知書、厚生年金被保険者証）を持参して年金見込額を算出してもらう場合、何も言わないと通常受給の見込額しか算出してもらえません。いろいろな選択肢があり何歳と何か月から受給するかでも試算額は変わります。最低限の知識を身につけて行きましょう。

　Q3にもあったように、65歳未満（特別支給の老齢厚生年金）の厚生年金は、受給方法に3つの選択肢があり、さらに、在職老齢年金にも該当するとかなりの選択肢があります。ところが、年金手帳等を持参してこちらから特に指定しない場合、60歳時の通常受給の見込額しか出してもらえません。再就職によって会社に勤務している場合、通常受給で在職老齢年金を試算することもあります。ですから、自分は何歳まで勤務するか、または厚生年金適用以外で勤務するか、一部繰上げまたは全部繰上げを何歳と何か月で希望するかなど、条件を指定して試算をしてもらうようにしてください。

　図表4にも記載しましたが、多少の知識を持ったうえで試算をしに行かないと、話が食い違います。厚生年金が長期の人は通常受給か一部繰上げにして、全部繰上げは行わないほうが賢明でしょう。最後に「累積年金見

**oint** 年金見込額は算出方法がかなりあります。自分の希望する内容を指定しないとそのとおり算出してくれませんから、注意してください。

込額」も出してもらいましょう。3つの選択肢にある受給の仕方で65・70・75歳時での累計額が記入されていますので参考になると思います。

図表4　年金見込額を調べるときの注意

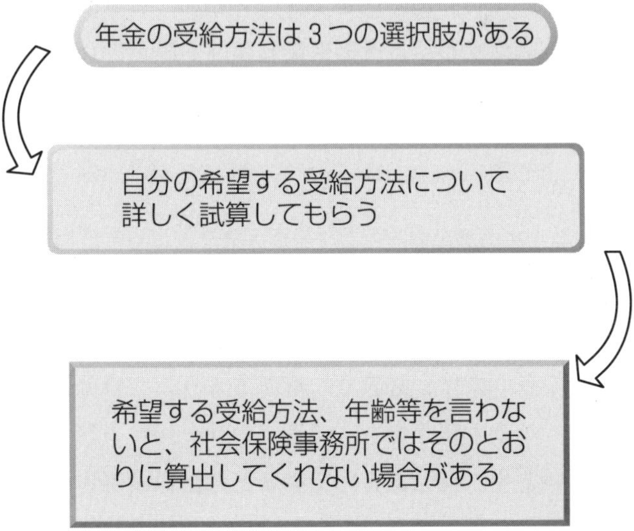

年金の受給方法は3つの選択肢がある

自分の希望する受給方法について詳しく試算してもらう

希望する受給方法、年齢等を言わないと、社会保険事務所ではそのとおりに算出してくれない場合がある

5 年金加入歴の重要性

Q 年金手帳（基礎年金番号）の加入歴等に間違いがあるケースがあることを耳にしましたが、それはどういう場合でしょうか。また、そういった間違いは、どのように調べればいいのでしょうか。

A 1年の加入漏れで数万円違うケースもありますので、職歴の多い方は必ず調査することをお勧めします。調査方法は、年金手帳を持参のうえで近くの社会保険事務所で調べてもらうのが確実です。

厚生年金（特別支給の老齢厚生年金または老齢厚生年金）は厚生年金適用事業所に勤務している全期間を根拠に受給できるものですが、若いときに転職をした方の場合、かなりの確率でもらい忘れ年金があります。そこで、20～30代で職歴の多い人は、図表5にもあるように、自分自身ですべての職歴を書き出し、年金手帳等をもって近くの社会保険事務所で加入期間の調査をしてもらいます。自分で書いた職歴と社会保険事務所のデータにくい違いがあった場合、そこが空白部分ということになります。

Point 厚生年金加入期間で年金額が変わります。すべての職歴を通算して年金を算出しますから、早めの加入期間調査をしてください。

図表5　年金加入調査の意義

厚生年金の加入歴の調査は必ず行う

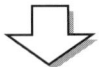

職歴の多い人は年金手帳（基礎年金番号、厚生年金保険被保険者証）等で加入期間調査を行うこと

社会保険事務所で調査した加入期間。加入期間は古い順に記入されている	自分自身で職歴を古い順にすべてを書いてみる。数か月勤務でもすべてを記入

同一なら問題は生じない

5　年金加入歴の重要性

6　退職金の受給の仕方と税金の関係

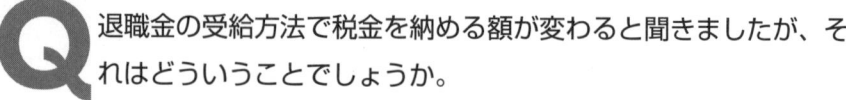退職金の受給方法で税金を納める額が変わると聞きましたが、それはどういうことでしょうか。

退職金の一部を一時金で受け取り、残りを年金とする場合、年金として受け取る退職金は厚生年金（老齢厚生年金等）と同様に雑所得として課税されます。したがって、退職金を退職所得の控除額（勤続年数に応じて違う）の限度まで一時金で受け取るようにするのが賢明と思われます。

　定年時に支給される退職金は、会社によって一時金と年金（有期）とに分けて受給できる場合があります。退職金を一時金として受け取る場合、税務上は退職所得控除という措置がありますが（図表6）、年金として受け取る退職金は退職所得ではなく厚生年金（老齢厚生年金等）と同じ雑所得として扱われ、課税されます。

　したがって、たとえば勤続40年・退職金3,000万円の方が一時金と年金に分けて退職金を受け取る場合、図表6のとおり2,200万円を一時金として受け取り、残り800万円を年金として受け取るようにすれば、課税額は最も少なくてすむことになります。

Point 退職金には退職所得控除がありますので、それを念頭において一時金・年金の比率を決めるのが最も合理的です。

図表6　退職所得控除表

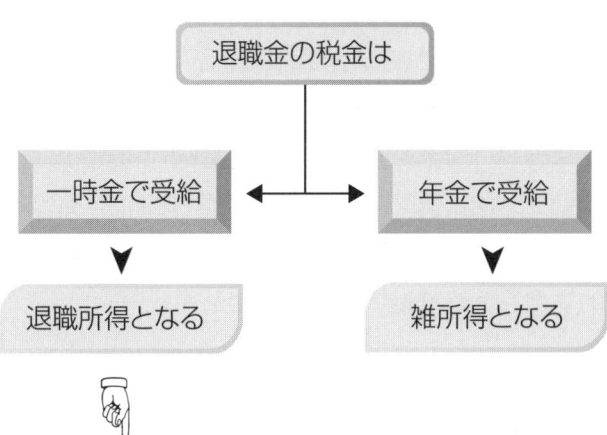

勤続年数（年）	退職所得控除額（万円）	勤続年数（年）	退職所得控除額（万円）	勤続年数（年）	退職所得控除額（万円）
2以下	80	16	640	30	1,500
3	120	17	680	31	1,570
4	160	18	720	32	1,640
5	200	19	760	33	1,710
6	240	20	800	34	1,780
7	280	21	870	35	1,850
8	320	22	940	36	1,920
9	360	23	1,010	37	1,990
10	400	24	1,080	38	2,060
11	440	25	1,150	39	2,130
12	480	26	1,220	40	2,200
13	520	27	1,290	41以上	2,200万円に、勤続年数が40年を超える1年ごとに70万円を加算した金額
14	560	28	1,360		
15	600	29	1,430		

6　退職金の受給の仕方と税金の関係

7 退職時に会社から渡される書類

Q 退職金を受け取るときに、会社からある書類を渡されると聞きましたが、それはどういった書類なのでしょうか。

A 退職金を受け取るときに会社から渡される書類は「退職所得の受給に関する申告書・退職所得申告書」です。これを会社に提出することによって、はじめて退職金が退職所得として控除対象に扱われることになります（Part 6 参照）。

　会社は、通常、退職金規程に基づいて退職金を支払います。その退職金は、支払いの額が大きいことから社員の退職時に一度に用意することは困難であり、退職金規程に基づいて毎月の積立てを行い、実際の退職に備えているのです。

　退職金は「退職所得の受給に関する申告書・退職所得申告書」（図表7）を会社に提出することによって、はじめて税務上の退職所得として取り扱われることになります。この書類の提出はあくまでも退職前、つまり会社に在籍している間ですから、記入の仕方や中身のチェックなどはすべて会社の担当者が行ってくれます。会社の担当者の指定の期日までに書類を提出すれば問題ありませんから、それほど心配する必要はないでしょう。

Point 退職金に関しては退職前の業務になりますので、会社が責任をもって遂行してくれます。提出期限をきちんと守ればだいじょうぶです。

図表7　退職時に会社から渡される書類

退職時に会社から渡される書類

⇩

退職所得の受給に関する申告書

⇩

7　退職時に会社から渡される書類

8 高年齢者雇用安定法の改正

Q 平成18年度から高年齢者雇用安定法が改正されているとのことですが、これから定年退職をする場合、どのような影響があるのでしょうか。

A これまで法で定められていた定年の年齢が60歳から62歳にまで延長される、あるいは定年そのものが廃止されますので、60歳以降も雇用される道が開かれたことになります。

　平成18年度の高年齢者雇用安定法（「高年齢者等の雇用の安定等に関する法律」）の改正は、少子高齢化の急速な進展などを背景に、働く意欲のある方が少なくとも年金を満額受給できる年齢まで働きつづけられるようにするためのものです。平成18年4月1日からの定年は62歳、以降は段階的に65歳まで定年を延長し、10名以上の労働者がいる事業場では就業規則の変更が義務づけられました。

　なお、現在のところ、定年は62歳が原則ですが、正確には図表8のとおり、①定年を62歳にする、②定年を廃止する、③雇用継続希望者は62歳になるまで再雇用する、の3つの選択肢があり、ほとんどの企業は③を選択しているようです。

Point 60歳からの継続雇用希望者は、厚生年金（在職老齢年金）と高年齢雇用継続の給付金等をどのように受給したらよいかを考えましょう。

図表8　高年齢者雇用安定法の改正

高年齢者雇用安定法

⇩

平成18年4月1日から

⇩

3つの中からどれかを選択

1. 定年を62歳にする
2. 定年を廃止
3. 雇用継続希望者は62歳になるまで再雇用

9　再就職先による有利・不利

Q 定年後の再就職の仕方によって年金受給の額に有利・不利があると聞きましたが、具体的にはどういうことでしょうか。

A サラリーマンとして再就職する場合、再就職先の雇用条件によって厚生年金に加入できる・できないことがありますので、当然、受給できる年金額にも差が生じることがあります。

　サラリーマンとして再就職する場合、規則正しい生活をおくることができ、完全にリタイアした方と比べると長寿を保てる利点があるようですが、こと年金の受給に関しては、すべてが有利になるとはいえないようです。サラリーマンとして厚生年金適用事業所に再就職したとすると、再度、厚生年金に加入することになり、受給できる年金は在職老齢年金になります。在職老齢年金は、再就職先からの給与の額によっては（つまり、額が多すぎると）、年金支給額が調整される、あるいは全額支給停止というケースもありえます。ですから、厚生年金に再加入しない働き方を工夫する必要があります。厚生年金は、再就職先の一般社員の労働条件の4分の3以上を満たすことが加入のひとつの条件となります。したがって、一般社員の労働条件の4分の3未満、たとえば7時間労働の会社であれば、労働時間を5.25時間未満にすれば厚生年金に加入できないこととなり、年金をフルに受給できることになります。このように、再就職先で少し労働条件を変えることによって有利性が生まれるのです。

> **Point** 老齢厚生年金の受給者が共済組合の加入員になった場合、年金の支給停止はありません。私学共済（私立学校法人・専門学校・予備校等）の教職員として再就職できれば非常に有利です。

図表9　再就職先による有利・不利

```
┌─────────────────────────┐
│ 再就職先によって厚生年金（特別 │
│ 支給の老齢厚生年金）の受給額は │
│ 大幅に相違する                │
└─────────────────────────┘
        ⇩              ⇩
┌──────────┐   ┌──────────┐
│ 厚生年金に加入 │   │ 厚生年金に加入 │
│ して働く      │   │ しないで働く   │
└──────────┘   └──────────┘
      ⇩              ⇩
┌──────────┐   ┌──────────┐
│ 年金は支給調整* │   │ 年金は減額され │
│ または全額支給 │   │ ず全額受給でき │
│ 停止される（不 │   │ る（有利）    │
│ 利）          │   │              │
└──────────┘   └──────────┘
```

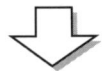

＊給与額が少ない場合は、
　全額受給できる場合もある

10　再就職期間による有利・不利

Q ごく一般的にいって、定年後の再就職期間は短期と長期ではどちらが有利でしょうか。

A もちろん、人それぞれによって考え方が違いますので、一概に結論は出せませんが、短期よりも長期で働いたほうが生活費が確保できるうえ、厚生年金に再加入することにより年金額を増やせるなどのメリットがあることから、長期に働いたほうがプラスであることが多いようです。

　60歳（または62歳等）の定年後に再就職する場合、一般のサラリーマンとして厚生年金適用事業所に再就職をすれば、老後の生活費と老齢厚生年金の増額の観点から、厚生年金再加入条件を満足させつつ少しでも長期に働いたほうがプラスになることが多いようです。厚生年金再加入条件を満足させながら働くということであれば、定年前に積み立てた厚生年金にさらに積増しを行うことができるうえ、給与所得によって老後の生活費の確保がはかれるなどの利点があると思います。この場合、在職老齢年金や雇用保険の高年齢雇用継続給付をできるだけ多く受け取れるよう、雇用条件を工夫しつつ働き方を考えてください。

Point 厚生年金の再加入の条件、あるいは在職老齢年金の受給要件などを意識しながら再就職期間を考えていくことが、結局は判断の近道になります。

図表10 再就職期間による有利・不利

```
┌─────────────────────┐
│ 定年後の再就職は短期と長期ど │
│ ちらが良いか          │
└─────────────────────┘
           ↓
┌─────────────────────┐
│ 人それぞれの考え方があり有利 │
│ か不利かは一概にはいえない   │
└─────────────────────┘
           ↓
┌─────────────────────┐
│ ただし、厚生年金の受給額や給与 │
│ 所得の面からは長期の場合は有利 │
│ になる              │
└─────────────────────┘
           ↓
┌─────────────────────┐
│ 厚生年金に加入しながら在職老齢 │
│ 年金を受給する方法も考えること │
└─────────────────────┘
```

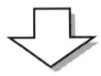

11　再就職により決まる雇用保険

Q 定年退職後、再就職等をして65歳になるまで勤めてから退職する場合、退職理由を意識する必要はあるのでしょうか。

A 定年退職後、再就職等をしてから65歳になるまで勤める場合、退職理由を意識する必要はありません。65歳になると、雇用保険上は一般の被保険者ではなく「高齢者」の扱いになりますので、基本手当の給付は退職理由に関係なく50日の一時金となるからです。

　雇用保険は65歳を境に失業給付の給付の仕方が異なります。65歳未満の場合は一般の被保険者の扱いとなり、基本手当が支給されますが、65歳以上は「高齢者」の扱いとなって基本手当ではなく、高年齢求職者給付金という一時金（50日分）のみとなります。したがって、純粋に失業給付の受給の面からすれば、65歳未満のほうが"有利"ということになります。ただし、65歳未満は一般の被保険者の扱いと変わりませんから、ここで退職理由が関係してくることになります。

　図表11-1と図表11-2は、2つとも65歳未満で退職した場合における基本手当の給付について示しています。

　図表11-1の場合、65歳未満で自己都合により退職したケースを想定しています。この場合、退職後にハローワークに求職申込みをすると、自動的に7日間の待期となり、さらに自己都合という退職理由から90日間の支給制限があります。

Point 65歳になるまで働こうと思っている人は、その時の退職理由は関係なく、7日間の待期のみで、すぐに高年齢求職者給付金が受けられます。

一方、図表11-2の場合、同じ65歳未満の退職とはいっても契約期間満了による退職を想定しています。この場合、7日間の待期を経た時点ですぐに基本手当の給付が始められることになります。

　ただし、65歳未満で退職して基本手当を受給した場合は、65歳前は年金は支給停止となります。

　ひとつの方法として「65歳になる直前に契約期間満了」によって退職すれば、65歳以降基本手当と年金の両方を同時に受給することができます。

図表11-1　65歳未満で自己都合により退職したケース

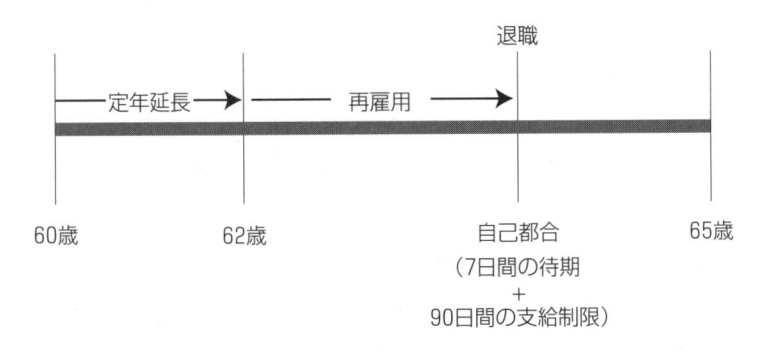

図表11-2　65歳未満で契約期間満了により退職したケース

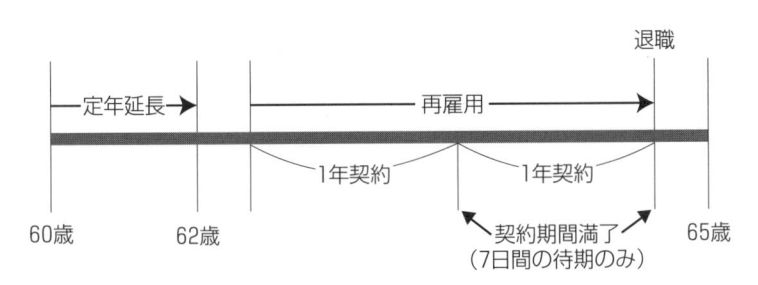

12　厚生年金の増額方法

Q 老後の生活を考えて、厚生年金（特別支給の老齢厚生年金）を少しでも増やしたいと思っていますが、何かいい方法はありますか。

A 厚生年金を少しでも多く受け取るには、厚生年金にできるだけ長く加入することです。したがって、定年退職後に再就職等をした場合でも、可能な限り厚生年金に加入したほうが有利ということになります。

　厚生年金の特別支給の老齢厚生年金は、定額部分と報酬比例部分というものがあり、そして一定の要件があれば加給年金が加算されます。定額部分と報酬比例部分は厚生年金に加入している期間に比例しますので、加入期間が長くなればなるほど、支給年金額は原則として増えることになります。

　ただし、定額部分は生年月日に応じて異なるものの上限があり、40年（480月）が上限となっています。一方、報酬比例部分には期間の上限はありませんので、加入期間が長くなればなるほど年金の支給額は増すことになります。

　以上のことから、できるだけ厚生年金加入期間を増やすことが、厚生年金額を増やす方法となります。

Point 増額法のポイントはひとつのみで、厚生年金期間を増やすことです。長く厚生年金保険料を支払うほど、その分受給額が増えます。

図表12　厚生年金の増額法

```
┌─────────────────────────┐
│ 厚生年金（老齢厚生年金）額の │
│ 増額法                   │
└─────────────────────────┘
            ⇩
┌─────────────────────────┐
│ 60歳以降もできるだけ厚生年金に │
│ 加入すること              │
└─────────────────────────┘
            ⇩
┌─────────────────────────┐
│ 厚生年金に加入すればするほど年金 │
│ 額は原則増える            │
└─────────────────────────┘
            ⇩
┌─────────────────────────┐
│ ただし定額部分は40年で頭打ちとな │
│ り、それ以上は、報酬比例部分のみの │
│ 増加となる                │
└─────────────────────────┘
```

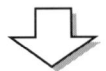

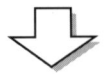

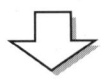

13　雇用保険を受給中に病気やケガをしたとき

Q 雇用保険（基本手当）を受給中に、病気やケガなどにより働くことができない状態となった場合、受給中の雇用保険（基本手当）はどうなるのでしょうか。

A 定年等で退職後、雇用保険（基本手当）を受給中に病気やケガなどにより働くことができない状態となった場合は、状況に応じて、基本手当の受給期間を延長するか、または基本手当に代えて傷病手当を受給することができます。

1　受給期間の延長

　雇用保険の受給期間は、原則として、離職した日の翌日から1年間（所定給付日数330日の方は1年と30日、360日の方は1年と60日）であり、その間に、
① 病気やケガ、妊娠、出産等
② 親族の看護（6親等以内の血族、配偶者および3親等以内の姻族）
③ 配偶者が事業主の命令により海外勤務をする場合で、配偶者に同行する場合

の理由で引き続き30日以上働くことができなくなったときは、その働くことのできなくなった日数だけ、受給期間を延長することができます（延長できる期間は最長で3年間です）。

　なお、基本手当の受給にあたっては、住所地を管轄するハローワークに離職票等を持参し、必ず求職の申込みを行うことが前提となります。また、上記の受給期間延長の措置を受けようとする場合には、①～③の理由によ

> **Point** 傷病手当を支給する日数は、受給資格者の所定給付日数から、すでに基本手当金を支給した日数を差し引いた日数となります。

り引き続き30日以上職業に就くことができなくなった日の翌日から起算して1か月以内に住所地等を管轄するハローワークに届け出る必要があります。この場合、代理人もしくは郵送による申請も可能となっています。

2 傷病手当の受給

傷病手当は、病気等休業中に被保険者とその家族の生活を保障するために設けられたもので、定年等で退職した後、雇用保険を受給中に病気やケガなどにより働くことができない状態となった場合にも給付されます。

ただし、この傷病手当は、ハローワークに求職の申込みを行ってから7日未満は給付されず、さらに、求職申込の前からすでに病気やケガなどにより働くことができない状態であった場合にも適用されません。

図表13 雇用保険を受給中に病気やケガをしたとき

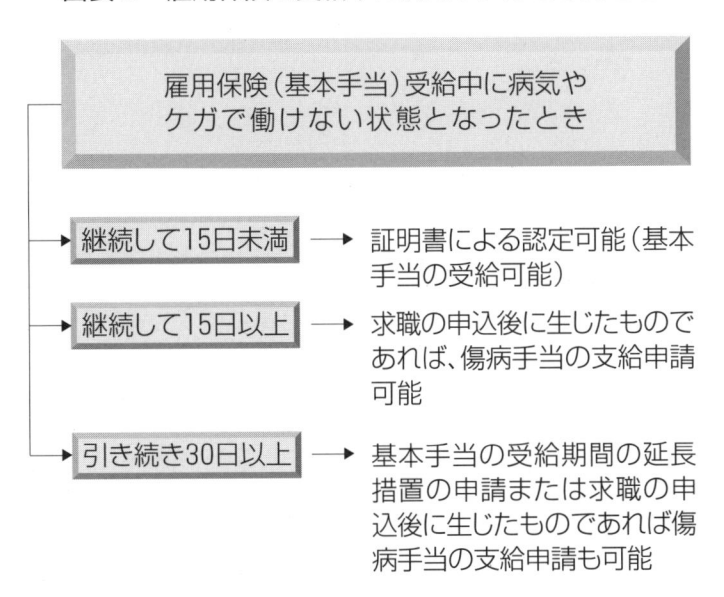

雇用保険（基本手当）受給中に病気やケガで働けない状態となったとき

- 継続して15日未満 → 証明書による認定可能（基本手当の受給可能）
- 継続して15日以上 → 求職の申込後に生じたものであれば、傷病手当の支給申請可能
- 引き続き30日以上 → 基本手当の受給期間の延長措置の申請または求職の申込後に生じたものであれば傷病手当の支給申請も可能

[Part 3] 公的年金の老齢給付（厚生年金・国民年金）

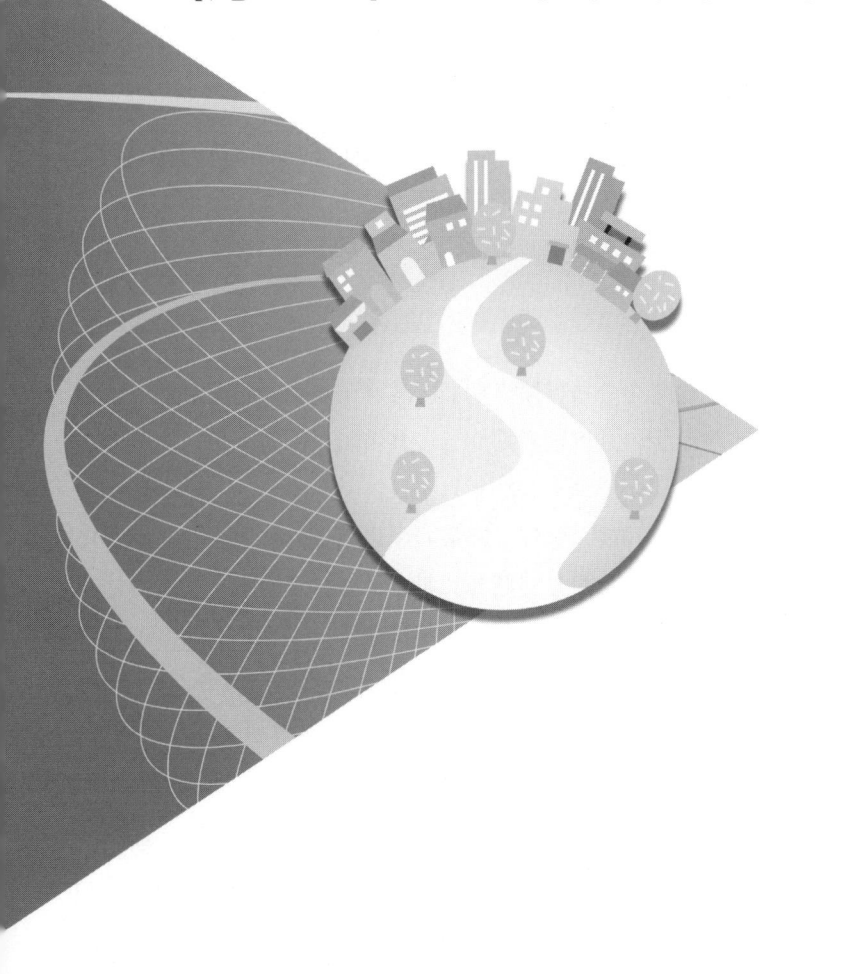

老齢年金の受給要件・受給額と手続

14 老齢年金等の受給要件

Q 老齢年金等を受給するための条件について詳しく教えてください。

A 老齢年金等には、老齢基礎年金、老齢厚生年金および退職共済年金があります。老齢年金等の支給要件については、以下の支給資格期間のいずれかを満たせばよいことになっていますのでご覧ください。

- A　20年以上：厚生年金の被保険者期間、各共済組合の組合員期間、厚生年金の被保険者期間と各共済組合の組合員期間との合算期間がそれぞれ20年以上
- B　15年以上：男性は40歳、女性は35歳の厚生年金の被保険者期間が15年以上。ただし、昭和22年4月2日以降生まれからは、被保険者期間が16年〜19年になる。
- C　25年以上：厚生年金、共済組合、国民年金（納付済・4分の1免除・半額免除・4分の3免除・全額免除・カラ期間、第3号被保

Point 老齢年金を受給するには、受給資格期間を満たし、満60歳以上に達している必要があります。

険者期間)との合算期間が25年以上

上記要件(図表14も参照)を満たした人が、満60歳以上で受給することができます。

① 国民年金　原則65歳(60歳以降繰上げ受給可能)
② 厚生年金　報酬比例部分……60歳
　(共済年金)　定　額　部　分……生年月日に応じて61歳〜65歳へ段階的に引上げ

図表14　老齢年金等の受給要件

年齢は満60歳以上になっていること

⇩ A・B・Cのいずれかを満たせばよい

	A	B	C
条件	厚生年金・各共済組合の加入期間でみます	男性40歳・女性35歳以降の厚生年金の加入期間でみます	国民年金(納付・4分の1免除・半額免除・4分の3・全額免除・カラ)・厚生年金・各共済組合の加入期間でみます
加入していた年金は	厚生年金／各共済組合／厚生年金+各共済組合	厚生年金※	国民年金／厚生年金+国民年金／各共済組合+国民年金／厚生年金+国民年金／厚生年金+各共済組合+国民年金
年数	20年以上	15年以上	25年以上

○今後、生年月日によりA、Bの年数は異なる
※昭和22年4月2日生まれの人から年数が16年〜19年になる

15 特別支給の老齢厚生年金の計算

Q 特別支給の老齢厚生年金の計算において年金額を左右するポイントを教えてください。

A 特別支給の老齢厚生年金の計算式は「定額部分＋報酬比例部分＋加給年金」となっています。このうち定額部分は、加入期間の長さに応じて決まりますので加入期間の長い人ほど多くなり、報酬比例部分は平均標準報酬（月）額（平均的な給料）で決まりますから、給料が高いほど多くなります。

　老齢厚生年金（特別支給の老齢厚生年金）の計算式は、定額部分＋報酬比例部分＋加給年金となっています。このうち定額部分は、定額単価（1,676円）に加入期間の月数を乗じて計算しますので、加入期間が長ければ長いほど年金額は多くなります。ただし、これには上限があり最大480月となっています。報酬比例部分については、平均標準報酬（月）額に加入月数を乗じて計算しますので、平均標準報酬（月）額、すなわち給料の平均が高いほど年金額は多くなります。したがって、年金額を左右するポイントは、加入期間の長さとその間の給料の高さであるといえます。

　計算式には、このほかに生年月日に応ずる率や物価スライドがありますが（図表15）、これらは、同年代の場合は共通ですので、これらによって年金額に差がつくことはありません。また加給年金については、配偶者の有無によって決まるものです。なお、平成15年4月以降の平均標準報酬額

> **Point** 特別支給の老齢厚生年金の計算式において年金額を左右するポイントは、加入期間の長さとその間の給料の高さであるということになります。

PART3　公的年金の老齢給付（厚生年金・国民年金）

は月給だけでなく賞与も含めて計算されます。

図表15　老齢厚生年金の計算式

昭和21年4月2日から昭和22年4月1日生まれの男性の老齢厚生年金（特別支給）の計算式

年金額 ＝ 定額部分 ＋ 報酬比例部分 ＋ 加給年金

定額部分
- 1,676円
- ×生年月日に応じた乗率
- ×厚生年金加入月数（480月を限度）
- ×物価スライド率（0.985）
- ○乗率は資料1（238頁）のI欄になります

報酬比例部分
- 平均標準報酬（月）額
- ×生年月日に応じた乗率
- ×厚生年金加入月数（実月数）
- ×従前の物価スライド率(1.031)
- ×物価スライド率（0.985）
- ○乗率は資料1（238頁）のJ欄とL欄になります（従前保障額で計算）

加給年金
- 配偶者は227,900円～396,000円、子は第2子まで1人につき年額227,900円、第3子から1人につき年額75,900円支給
- ○配偶者加給年金は資料1（238頁）のN欄を参照してください

⬇

①総報酬制導入前の被保険者期間分（平成15年3月まで）

$$\text{平均標準報酬月額}^{※} \times \frac{\text{5％適正化前の乗率}\ 10～7.5}{1{,}000} \times \text{平成15年3月までの被保険者期間の月数}$$

※平成12年4月から平成15年3月までの被保険者期間については「0.917」で再評価

②総報酬制導入以後の被保険者期間分（平成15年4月以降）

$$\text{平均標準報酬額}^{※} \times \frac{\text{5％適正化前の乗率}\ 7.692～5.769}{1{,}000} \times \text{平成15年4月以後の被保険者期間の月数}$$

※平成15年4月から平成17年3月までの被保険者期間については「0.917」で再評価
※平成17年4月から平成18年3月までの被保険者期間については「0.923」で再評価
※平成18年4月から平成19年3月までの被保険者期間については「0.926」で再評価

（①＋②）×従前の物価スライド率（1.031）×物価スライド率（0.985）

16　老齢厚生年金受給額の目安を算出する方法

Q 厚生年金（特別支給の老齢厚生年金）の大まかな受給額を知りたい場合、どういったものを利用すればすぐにわかりますか。

A 特別支給の老齢厚生年金は、目安表を利用して簡単に大まかな受給額を出すことができます。次頁図表の左側の縦欄に平均標準報酬（月）額を、上部の横欄に加入期間の年（月）数をあてはめ、両者の交差点が年金の受給額の目安となります（上段が報酬比例部分、下段が定額部分）。

　厚生年金（特別支給の老齢厚生年金）は、次頁にあるような目安表を利用して、簡単に大まかな受給額を出すことができます。それには、まず平均標準報酬月額を出します。

　平均標準報酬月額を出すには、簡便法として最後の税込月収の7割で計算します。たとえば最後の税込月収が50万円の場合、平均標準報酬月額＝50万円×0.7＝35万円となります。この数字を左側縦欄の35万円にあてはめ、仮に加入年数を40年として上部横欄の40年にあわせます。両者の交差点の金額が年金受給額（目安）となります。上段と下段に分かれていますが、上段が報酬比例部分、下段が定額部分の年金額を示しています。

　なお、平成15年4月以降は総報酬制になっており、平均標準報酬額を出す必要がありますので、左側縦欄には平均標準報酬月額の1.3倍を平均標準報酬額としてカッコ書きで表示しています。

Point この目安表を利用すれば、厚生年金（特別支給の老齢厚生年金）の受給額の目安は簡単に算出することができます。

図表16　特別支給の老齢厚生年金受給額の目安表

上段：報酬比例部分　　下段：定額部分　　　　　　　　　　　　　　　（単位：円）

被保険者期間 被保険者月数 平均標準報酬月額（上段） 平均標準報酬額（下段）	1年 12月	5年 60月	10年 120月	15年 180月	20年 240月	25年 300月	30年 360月	35年 420月	40年 480月
100,000 (130,000)	9,140 19,810	45,699 99,052	91,398 198,103	137,097 297,155	182,796 396,206	228,495 495,258	274,194 594,310	319,894 693,361	365,593 792,413
150,000 (195,000)	13,710 19,810	68,549 99,052	137,097 198,103	205,646 297,155	274,194 396,206	342,743 495,258	411,292 594,310	479,840 693,361	548,389 792,413
200,000 (260,000)	18,280 19,810	91,398 99,052	182,796 198,103	274,194 297,155	365,593 396,206	456,991 495,258	548,389 594,310	639,787 693,361	731,185 792,413
250,000 (325,000)	22,850 19,810	114,248 99,052	228,495 198,103	342,743 297,155	456,991 396,206	571,238 495,258	685,486 594,310	799,734 693,361	913,982 792,413
300,000 (390,000)	27,419 19,810	137,097 99,052	274,194 198,103	411,292 297,155	548,389 396,206	685,486 495,258	822,583 594,310	959,681 693,361	1,096,778 792,413
350,000 (455,000)	31,989 19,810	159,947 99,052	319,894 198,103	479,840 297,155	639,787 396,206	799,734 495,258	959,681 594,310	1,119,627 693,361	1,279,574 792,413
400,000 (520,000)	36,559 19,810	182,796 99,052	365,593 198,103	548,389 297,155	731,185 396,206	913,982 495,258	1,096,778 594,310	1,279,574 693,361	1,462,370 792,413

○昭和21年4月2日〜昭和22年4月1日生まれの場合（加給年金を除く）
○左列のカッコ内の数値は平均標準報酬額で、平均標準報酬月額の1.3倍
　例……平均標準報酬月額は最後の税込月収が50万円の場合、7割の35万円で見る。仮に厚生年金期間40年、60歳で退職したとすると、年金受給額の目安は図表右下のアミかけの部分になる

17　老齢基礎年金を増額させるポイント

Q 老齢基礎年金の受給額を増やすポイントを教えてください。

A 老齢基礎年金は満額で79万2,100円（平成18年度価格）ですが、満額でない人は60歳以降も国民年金に任意加入して保険料を納める方法、あるいは付加年金に加入して年金額を増やす方法があります。また、65歳から受給しないで、66歳以降に繰り下げて受給する方法もあります。

　老齢基礎年金は、40年加入で満額の79万2,100円（平成18年度価格）を受給できますが、加入期間が40年にならないために満額の受給ができない人は、60歳以降も国民年金に任意加入して保険料を納めることにより年金額を増やし、満額または満額に近づけることができます。国民年金に任意加入するには、市町村役場または社会保険事務所に「任意加入被保険資格取得申出書」を提出します。

　年金を増やすための任意加入は60歳から64歳まで可能ですが、加入期間が40年となり満額の老齢基礎年金が受給できるようになった時点で任意加入は終わりとなります。仮に5年間の任意加入では保険料月額1万3,860円（平成18年度価格）×5年（60か月）＝83万1,600円納めることになりますが、年金額の増加は9万9,000円となりますので、元をとるのに約8.4年かかることになります。

> **Point** 年金額を増額させるポイントは、任意加入して満額または満額に近づける方法、付加保険料を納めて付加年金を受給する方法などがあります。

また、年金を増やすもうひとつの方法として付加年金を納める方法があります。付加年金は昭和45年10月1日から始まった制度で、大変有利な制度ですからお勧めします。

　付加保険料を納められるのは、第1号被保険者と任意加入被保険者（65歳未満）で、保険料の免除を受けている人や第2号被保険者、第3号被保険者は納めることはできません。付加保険料は現在月400円ですから、5年納めたとすると保険料は400円×5年（60か月）＝2万4,000円となるのに対し、年金額は「200円×付加年金保険料納付月数」ですから、200円×60か月（5年）＝1万2,000円となりますので、年金を2年もらっただけで「元が取れる」計算になります。

　付加年金には物価スライド制がないので、将来物価が上がっても付加年金額は上がりませんが、繰上げ・繰下げの時点の増減率は適用されますので、老齢基礎年金を繰り下げて受給する人にとっては有利です。付加保険料納付は市町村役場（国民年金課）へ申し出ます。

図表17　老齢基礎年金等の計算式

1．老齢基礎年金の計算式（65歳時の年金額計算）

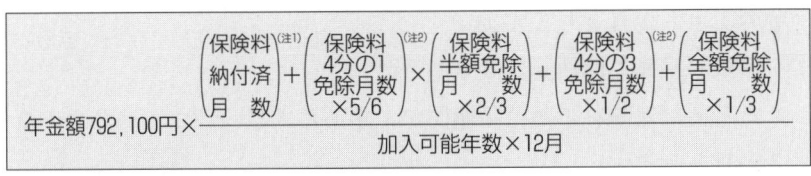

$$年金額792,100円 \times \frac{保険料納付済月数^{(注1)} + 保険料の4分の1免除月数 \times 5/6 + 保険料半額免除月数^{(注2)} \times 2/3 + 保険料4分の3免除月数 \times 1/2 + 保険料全額免除月数^{(注2)} \times 1/3}{加入可能年数 \times 12月}$$

※加入可能年数は巻末のDを参照　保険料月額は13,860円です
注1　保険料納付済月数には第3号被保険者期間を含みます
注2　保険料4分の1免除および保険料4分の3免除は平成18年7月より開始されました

2．付加年金の計算式

年金額＝200円×付加年金保険料納付月数

※付加年金は昭和45年10月1日から納付が始まりました
　現在の保険料は月額400円です

18　国民年金の老齢基礎年金額を簡単に算出する方法

Q 国民年金の老齢基礎年金額を簡単に調べる方法はありますか。

A 国民年金の老齢基礎年金額は、次頁の早見表を利用することにより、簡単に算出することができます。

　国民年金の年金額は保険料納付年数と生年月日により決まります。まず保険料納付年数を出したうえで、それを図表18の左側縦欄にあてはめます。そして生年月日を上部縦欄に合わせれば、その交点が65歳時の老齢基礎年金額となります。この保険料納付年数を出すときに、保険料を免除された期間があるときは、次のようにして計算します。

① 　保険料全額免除期間は3分の1
　　たとえば保険数全額免除期間が1年ある人は、12か月×3分の1＝4か月とします。

② 　保険料の4分の3免除期間は2分の1
　　たとえば、保険料の4分の3免除期間が1年ある人は、12か月×2分の1＝6か月とします。

③ 　保険料半額免除期間は3分の2
　　たとえば保険料半額免除期間が1年ある人は、12か月×3分の2＝8か月とします。

④ 　保険料の4分の1免除期間は6分の5

Point 国民年金の老齢基礎年金額は、早見表を利用することにより、保険料の納付年数と生年月日の関係から簡単に算出することができます。

たとえば保険料4分の1免除期間が1年ある人は、12か月×6分の5＝10か月とします。

なお、保険料納付年数の計算にあたっては、昭和61年4月以降のサラリーマンの配偶者は保険料は無料になっていますから、保険料納付年数に算入するようにします。

図表18　65歳支給の生年月日と納付年数による年金額早見表

生年月日 / 年数	S13.4.2～S14.4.1	S14.4.2～S15.4.1	S15.4.2～S16.4.1	S16.4.2～S17.4.1	S17.4.2生れ以降
1年	21,400円	20,800円	20,300円	19,800円	19,800円
5年	10,700円	104,200円	101,600円	99,000円	99,000円
10年	214,100円	208,400円	203,100円	198,000円	198,000円
15年	321,100円	312,700円	304,700円	297,000円	297,000円
20年	428,200円	416,900円	406,200円	396,100円	396,100円
30年	642,200円	625,300円	609,300円	594,100円	594,100円
34年	727,900円	708,700円	690,500円	673,300円	673,300円
35年	749,300円	729,600円	710,900円	693,100円	693,100円
36年	770,700円	750,400円	731,200円	712,900円	712,900円
37年	792,100円	771,300円	751,500円	732,700円	732,700円
38年	昭和61年4月からサラリーマンの配偶者は第3号被保険者として保険料は無料になっています。第3号被保険者期間は保険料納付済期間となるため、年金額計算の基礎になります。	792,100円	771,800円	752,500円	752,500円
39年			792,100円	772,300円	772,300円
40年				792,100円	792,100円

国民年金の期間の詳細

※保険料4分の1免除及び保険料4分の3免除は平成18年7月より始まりました

- ○納付済期間　　　　　国民年金保険料を納付した期間
- ○保険料4分の1免除期間　保険料の4分の1免除を受けていた期間
- ○半額免除期間　　　　保険料の半額免除を受けていた期間
- ○保険料4分の3免除期間　保険料の4分の3免除を受けていた期間
- ○全額免除期間　　　　保険料の全額免除を受けていた期間（法定・申請免除）
- ○学生納付特例期間　　20歳以上の学生で申請した期間
- ○若年者納付猶予期間　30歳未満で低所得で申請した期間
- ○カラ期間　　　　　　国民年金の任意加入時代に加入しなかった期間など

18 国民年金の老齢基礎年金額を簡単に算出する方法

19　特別支給の老齢厚生年金の請求時期

Q 特別支給の老齢厚生年金の請求はいつごろ行えばいいですか。

A 特別支給の老齢厚生年金は、年金の受給資格期間を満たしていれば60歳から受給できます。60歳以降も在職している場合は在職老齢年金の仕組みにより、年金額の一部または全額が支給停止となることがありますが、その場合でも、60歳時に裁定請求するのが原則です。

　特別支給の老齢厚生年金は、老齢基礎年金の受給資格期間を満たし、かつ厚生年金の加入期間が1年以上あれば、60歳から受給することができます。特別支給の老齢厚生年金の定額部分の支給開始年齢が生年月日により段階的に引き上げられていることもあり、満額受給ができるようになってから請求するものだと誤解している人もいますが、報酬比例部分は60歳から受給できますし、受給権は60歳時に発生しますから、60歳になったらすぐに請求手続をすべきです。請求手続は、50頁以降のとおり「国民年金・厚生年金保険老齢給付裁定請求書」に必要事項を記入して行います。同請求書は、ターンアラウンド用と101号様式の2種類があり、通常は60歳または65歳の3か月前に自宅に郵送されてくるターンアラウンド用を使用しますが(50頁)、繰上げ請求あるいはターンアラウンド用の裁定請求書を紛失したなどの場合に101号様式(56頁)を使用します。
　60歳以降在職している場合は、在職老齢年金の仕組みにより年金額の一

Point 特別支給の老齢厚生年金は、受給資格期間を満たし、60歳になれば受給権が発生しますので、すぐに請求手続をしましょう。

部または全部が支給停止になることがありますが、60歳に請求しておけば次のような利点があります。
① 退職したときにこれといった手続をしなくても、退職して1か月経過すれば年金額が再計算されて年金が振り込まれるようになること
② 定額部分の支給開始前に配偶者がいる場合、現況届のハガキ提出のみですむこと
③ 65歳時の手続が非常に簡単になること

図表19-1　特別支給の老齢厚生年金の請求はいつ行えばいいのか

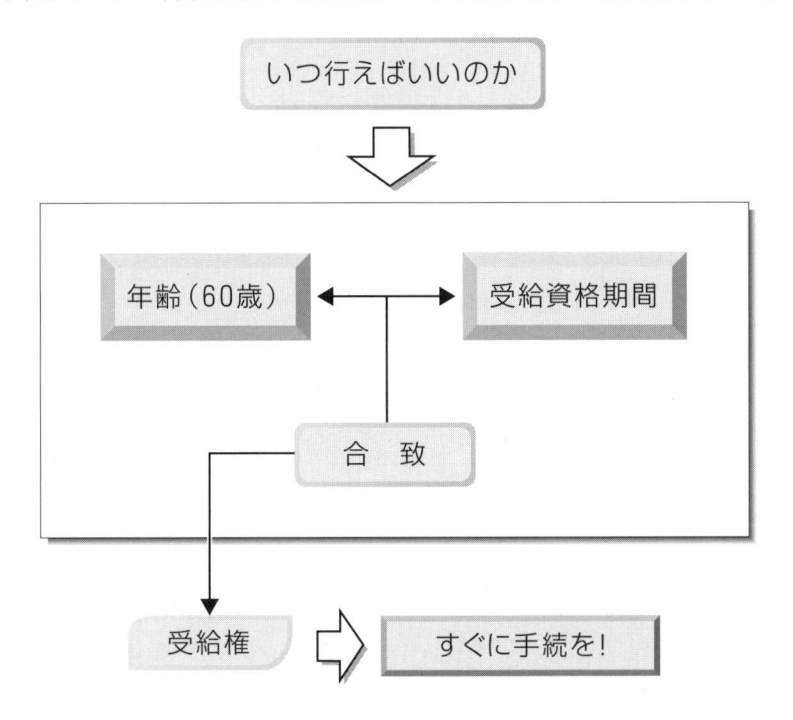

いつ行えばいいのか

年齢（60歳）　⇔　受給資格期間

合　致

受給権　⇒　すぐに手続を！

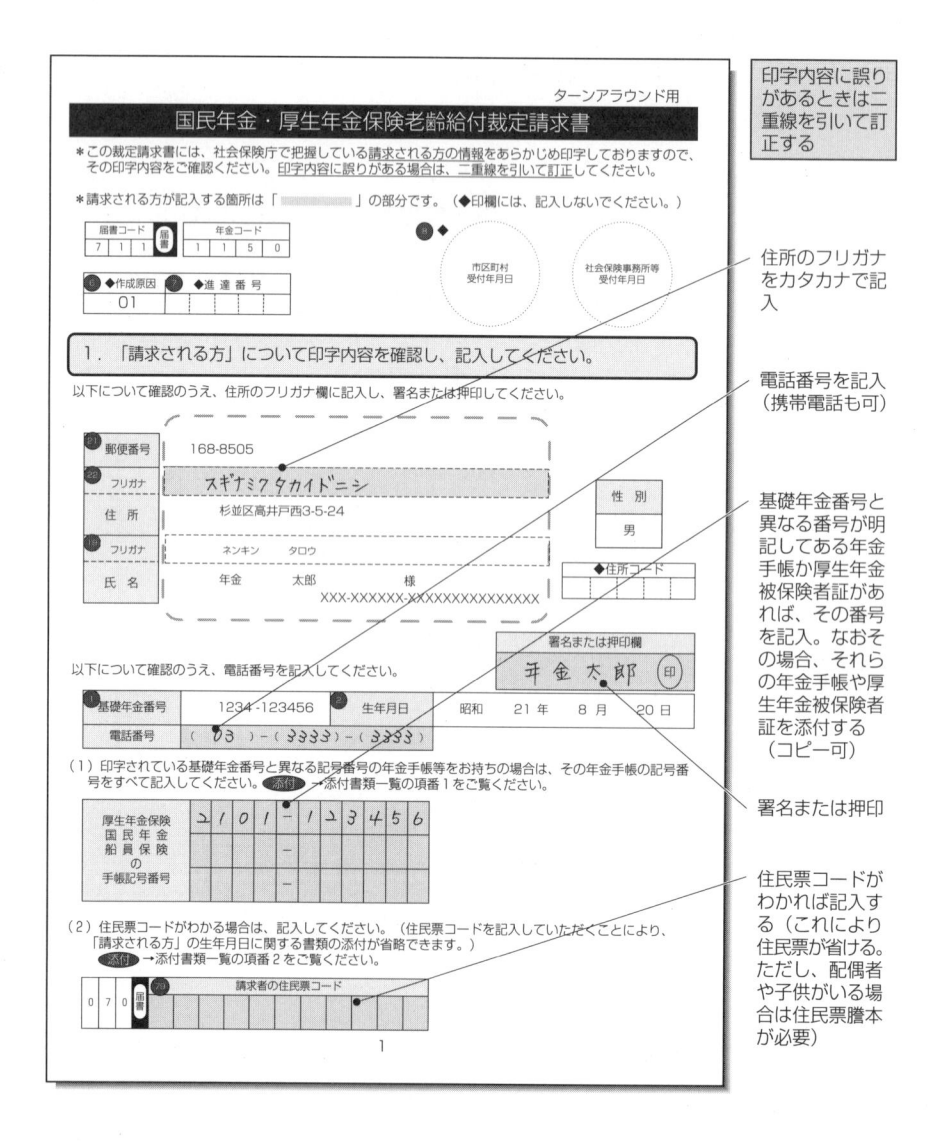

図表19-2　国民年金・厚生年金保険老齢給付裁定請求書
（ターンアラウンド用）その１

　老齢年金の受給資格期間のある方には、60歳または65歳の３か月前に自宅に郵送されます。全15頁ありますが、ここでは主なひな型について解説していきます。

注記：
- 印字内容に誤りがあるときは二重線を引いて訂正する
- 住所のフリガナをカタカナで記入
- 電話番号を記入（携帯電話も可）
- 基礎年金番号と異なる番号が明記してある年金手帳か厚生年金被保険者証があれば、その番号を記入。なおその場合、それらの年金手帳や厚生年金被保険者証を添付する（コピー可）
- 署名または押印
- 住民票コードがわかれば記入する（これにより住民票が省ける。ただし、配偶者や子供がいる場合は住民票謄本が必要）

図表19-3　国民年金・厚生年金保険老齢給付裁定請求書（ターンアラウンド用）その2

2．「請求される方」のこれまでの年金の加入状況についてご確認ください。
（平成XX年XX月XX日現在の年金加入記録を（2）に印字しております。）

（1）次の年金制度の被保険者または組合員となったことがある場合は、枠内の該当する番号を○で囲んでください。
（4から7までの番号を○で囲んだ方は、添付→添付書類一覧の項番6をご覧ください。）

① 国民年金
② 厚生年金保険
3 船員保険（昭和61年4月以後を除く）
4 国家公務員共済組合
5 地方公務員等共済組合
6 私立学校教職員共済
7 農林漁業団体職員共済組合
8 旧市町村職員共済組合
9 地方公務員の退職年金に関する条例
10 恩給

（2）加入記録をご確認のうえ、印字内容が誤っているところは二重線を引いて訂正してください。訂正した場合には「事業所（船舶所有者）の所在地または国民年金加入時のあなたの住所」欄を記入してください。また、印字されている以外の年金加入期間がある場合は裏面に記入してください。正確にわからない場合は、わかる範囲で結構です。

（注1）厚年・船保・共済の（至）年月日については、退職日の翌日を表示しています。
（注2）58歳時にお知らせした「年金加入記録のお知らせ」において確認できていない記録には「※」を表示しています。また、年金制度間で被保険者期間が重複している場合については「#」を表示しています。この表示がある方は、年金を決定するにあたって記録の整備が必要となりますので、請求される前にお近くの社会保険事務所へ記録の整備をお申し出ください。

	事業所名称（支店名等）、船舶所有者名称または共済組合名称等	勤務期間または国民年金の加入期間（注1）	年金制度	事業所（船舶所有者）の所在地または国民年金加入時のあなたの住所	備考（注2）
1	○○産業㈱	（自）昭和XX.XX.XX（至）昭和XX.XX.XX	厚年		
2	△△商事㈱	（自）昭和XX.XX.XX（至）昭和XX.XX.XX	厚年		
3	国民年金	（自）昭和XX.XX.XX（至）昭和XX.XX.XX	国年		※
4	㈱××会社	（自）昭和XX.XX.XX（至）昭和XX.XX.XX	厚年		
5	国民年金	（自）昭和XX.XX.XX（至）昭和XX.XX.XX	国年		
6	○○会社㈱	（自）昭和XX.XX.XX（至）昭和XX.XX.XX	厚年		#
7	△△水産㈱	（自）昭和XX.XX.XX（至）昭和XX.XX.XX	船保		#
8	㈱××産業	（自）昭和XX.XX.XX（至）昭和XX.XX.XX	厚年		
9	○○商事㈱	（自）昭和XX.XX.XX（至）昭和XX.XX.XX	厚年		
10	㈱△△会社	（自）昭和XX.XX.XX（至）昭和XX.XX.XX	厚年		
11	××会社㈱	（自）昭和XX.XX.XX（至）昭和XX.XX.XX	厚年		
12	○○物流㈱	（自）昭和XX.XX.XX（至）昭和XX.XX.XX	厚年		

必ず印字されている年金加入期間を確認する

過去および現在加入した年金制度に「○」をつける

会社名や勤務期間を訂正したら当時の会社などの住所を記入

「※」…共済組合に加入していたかまたは58歳時に郵送されてきた「年金加入記録のお知らせ」で確認がとれていない記録を表している。なお、共済組合に加入していた場合は「年金加入期間確認通知書」を共済組合から取り寄せることが必要

「#」…年金制度への加入が重複しているため社会保険事務所で記録を整備

19 特別支給の老齢厚生年金の請求時期

図表19-4 国民年金・厚生年金保険老齢給付裁定請求書（ターンアラウンド用）その3

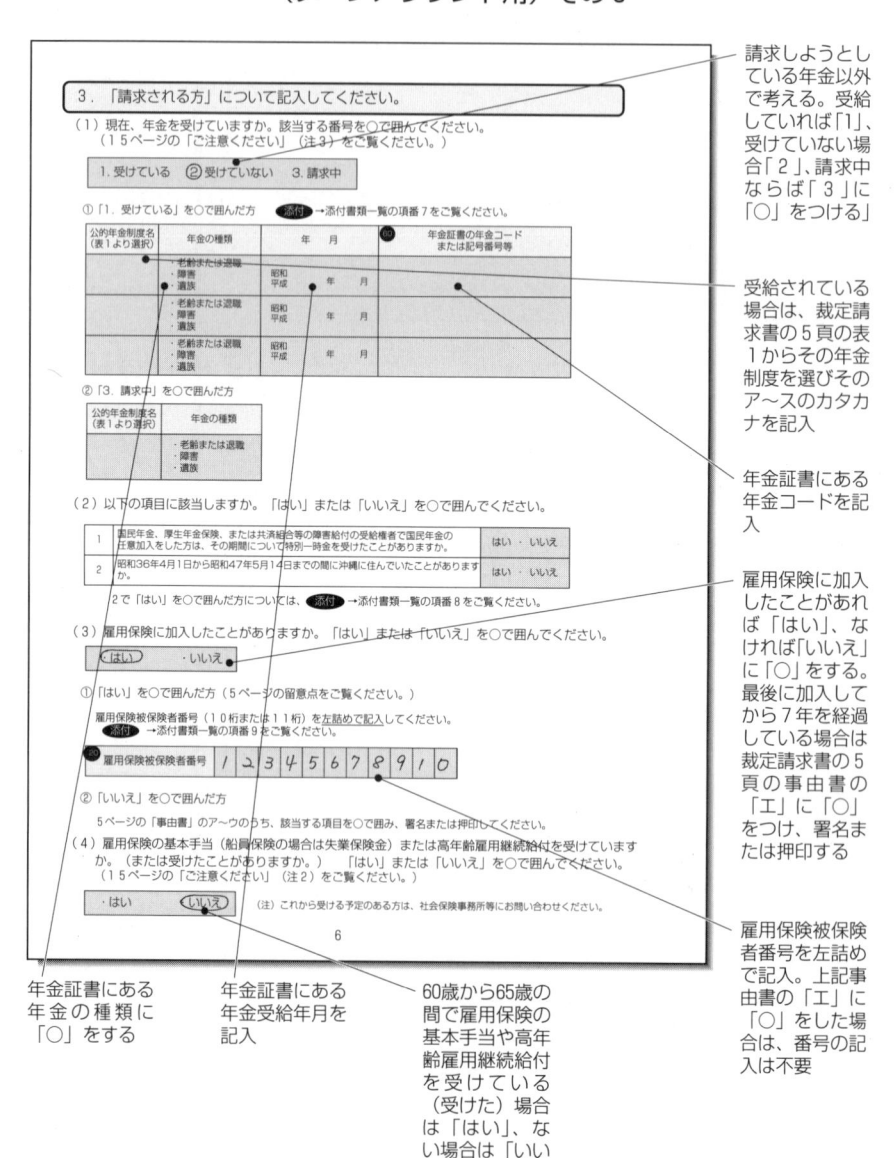

3.「請求される方」について記入してください。

(1) 現在、年金を受けていますか。該当する番号を○で囲んでください。
（15ページの「ご注意ください」（注3）をご覧ください。）

1. 受けている　②受けていない　3. 請求中

① 「1. 受けている」を○で囲んだ方　添付 →添付書類一覧の項番7をご覧ください。

公的年金制度名 （表1より選択）	年金の種類	年　月	年金証書の年金コード または記号番号等
	・老齢または退職 ・障害 ・遺族	昭和 平成　年　月	
	・老齢または退職 ・障害 ・遺族	昭和 平成　年　月	
	・老齢または退職 ・障害 ・遺族	昭和 平成　年　月	

② 「3. 請求中」を○で囲んだ方

公的年金制度名 （表1より選択）	年金の種類
	・老齢または退職 ・障害 ・遺族

(2) 以下の項目に該当しますか。「はい」または「いいえ」を○で囲んでください。

1	国民年金、厚生年金保険、または共済組合等の障害給付の受給権者で国民年金の任意加入をした方は、その期間について特別一時金を受けたことがあります。	はい・いいえ
2	昭和36年4月1日から昭和47年5月14日までの間に沖縄に住んでいたことがありますか。	はい・いいえ

2で「はい」を○で囲んだ方については、添付 →添付書類一覧の項番8をご覧ください。

(3) 雇用保険に加入したことがありますか。「はい」または「いいえ」を○で囲んでください。

（はい）・いいえ

① 「はい」を○で囲んだ方（5ページの留意点をご覧ください。）

雇用保険被保険者番号（10桁または11桁）を左詰めで記入してください。
添付 →添付書類一覧の項番9をご覧ください。

雇用保険被保険者番号　| 1 | 2 | 3 | 4 | 5 | 6 | 7 | 8 | 9 | 0 |

② 「いいえ」を○で囲んだ方
5ページの「事由書」のア～ウのうち、該当する項目を○で囲み、署名または押印してください。

(4) 雇用保険の基本手当（船員保険の場合は失業保険金）または高年齢雇用継続給付を受けていますか。または受けたことがあります。）　　「はい」または「いいえ」を○で囲んでください。
（15ページの「ご注意ください」（注2）をご覧ください。）

・はい　（いいえ）　（注）これから受ける予定のある方は、社会保険事務所等にお問い合わせください。

6

PART3　公的年金の老齢給付（厚生年金・国民年金）

注釈：

- 請求しようとしている年金以外で考える。受給していれば「1」、受けていない場合「2」、請求中ならば「3」に「○」をつける
- 受給されている場合は、裁定請求書の5頁の表1からその年金制度を選びそのア～スのカタカナを記入
- 年金証書にある年金コードを記入
- 雇用保険に加入したことがあれば「はい」、なければ「いいえ」に「○」をする。最後に加入してから7年を経過している場合は裁定請求書の5頁の事由書の「エ」に「○」をつけ、署名または押印する
- 雇用保険被保険者番号を左詰めで記入。上記事由書の「エ」に「○」をした場合は、番号の記入は不要
- 年金証書にある年金の種類に「○」をする
- 年金証書にある年金受給年月を記入
- 60歳から65歳の間で雇用保険の基本手当や高年齢雇用継続給付を受けている（受けた）場合は「はい」、ない場合は「いいえ」に「○」をします

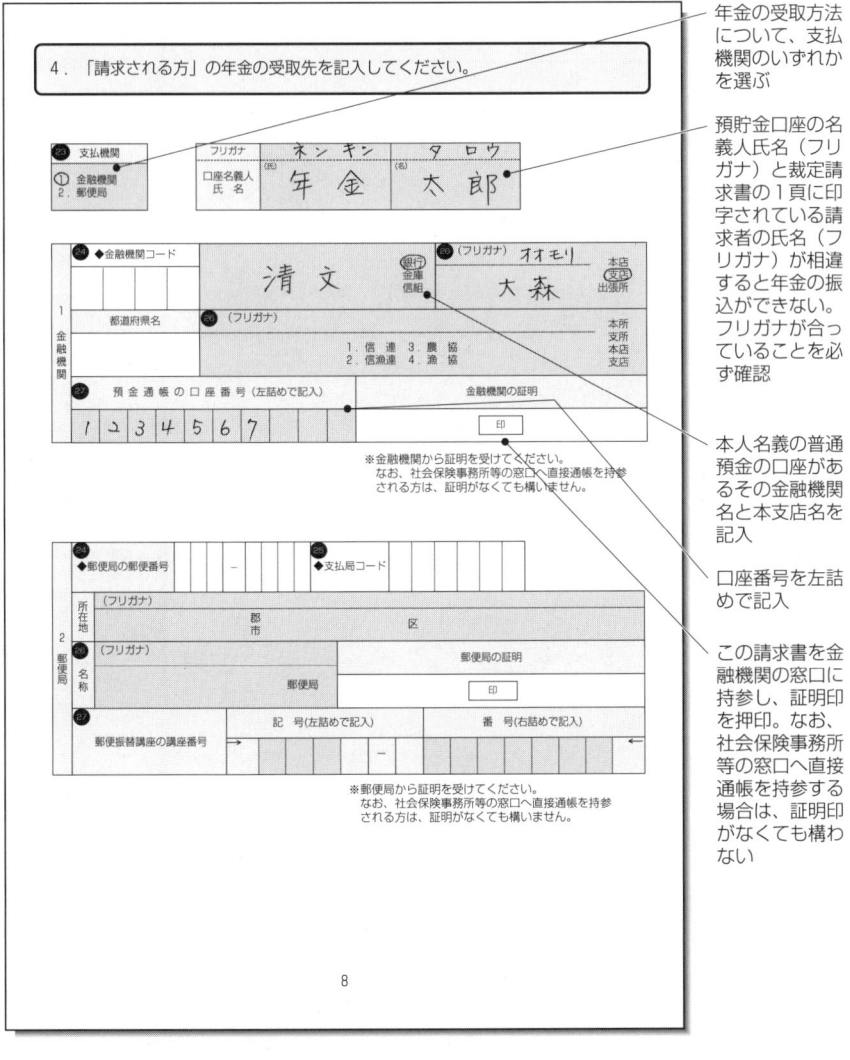

図表19-5　国民年金・厚生年金保険老齢給付裁定請求書
（ターンアラウンド用）その4

4．「請求される方」の年金の受取先を記入してください。

項目	記入例
支払機関	①金融機関　2．郵便局
口座名義人氏名	フリガナ：ネンキン　タロウ／(氏)年金　(名)太郎

1 金融機関
- 金融機関コード
- 都道府県名：清文
- (フリガナ)
- 銀行／金庫／信組：オオモリ／大森　本店・支店・出張所
- 1.信連　3.農協　2.信漁連　4.漁協
- 預金通帳の口座番号（左詰めで記入）：1 2 3 4 5 6 7
- 金融機関の証明：印

※金融機関から証明を受けてください。
なお、社会保険事務所等の窓口へ直接通帳を持参される方は、証明がなくても構いません。

2 郵便局
- ◆郵便局の郵便番号
- ◆支払局コード
- 所在地（フリガナ）：郡・市　区
- 名称（フリガナ）：郵便局
- 郵便局の証明：印
- 郵便振替口座の講座番号：記号（左詰めで記入）－番号（右詰めで記入）

※郵便局から証明を受けてください。
なお、社会保険事務所等の窓口へ直接通帳を持参される方は、証明がなくても構いません。

注記：
- 年金の受取方法について、支払機関のいずれかを選ぶ
- 預貯金口座の名義人氏名（フリガナ）と裁定請求書の1頁に印字されている請求者の氏名（フリガナ）が相違すると年金の振込ができない。フリガナが合っていることを必ず確認
- 本人名義の普通預金の口座があるその金融機関名と本支店名を記入
- 口座番号を左詰めで記入
- この請求書を金融機関の窓口に持参し、証明印を押印。なお、社会保険事務所等の窓口へ直接通帳を持参する場合は、証明印がなくても構わない

19 特別支給の老齢厚生年金の請求時期　53

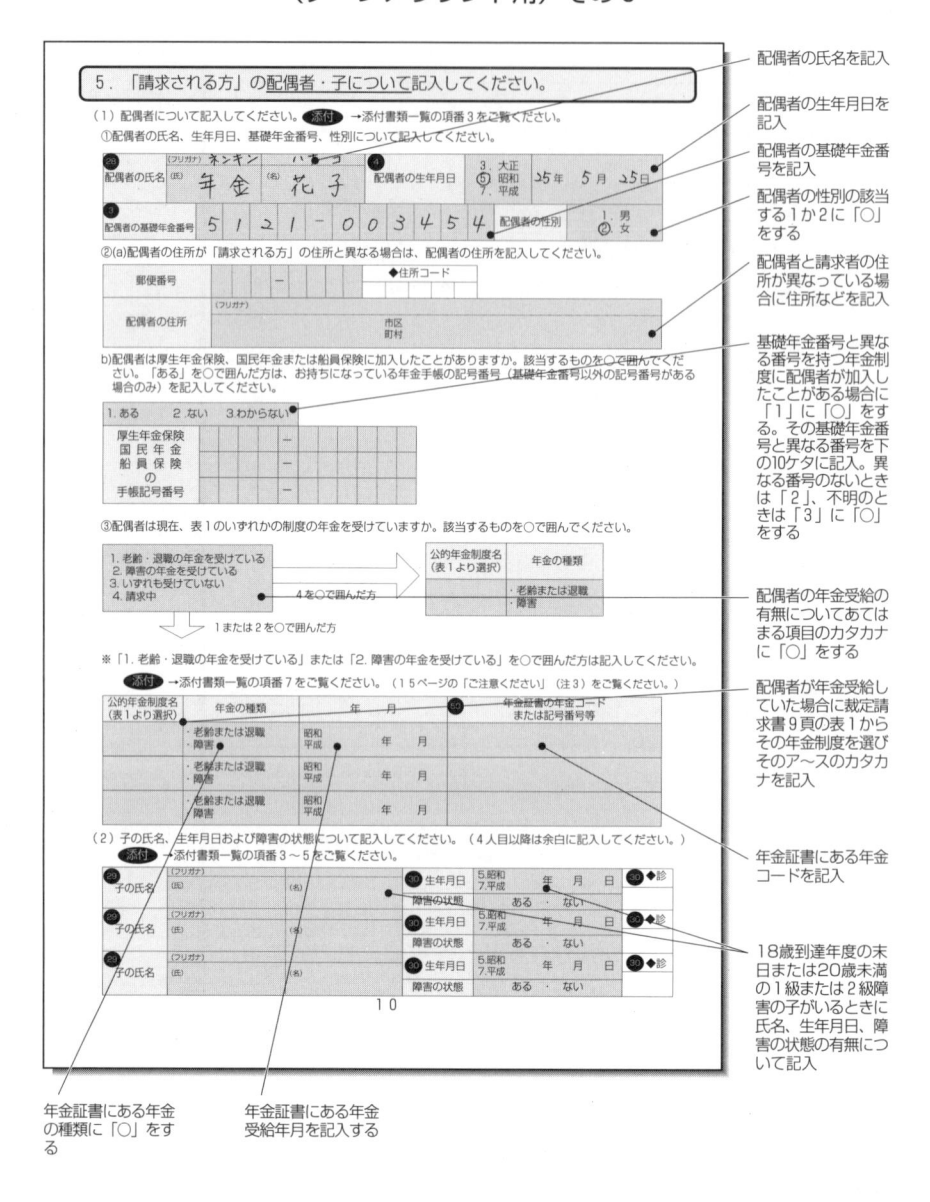

図表19-6　国民年金・厚生年金保険老齢給付裁定請求書（ターンアラウンド用）その5

5.「請求される方」の配偶者・子について記入してください。

(1) 配偶者について記入してください。添付 →添付書類一覧の項番3をご覧ください。

①配偶者の氏名、生年月日、基礎年金番号、性別について記入してください。

- 配偶者の氏名（フリガナ ネンキン ハナコ）：年金 花子 → 配偶者の氏名を記入
- 配偶者の生年月日：3.大正 5.昭和 7.平成 25年 5月 25日 → 配偶者の生年月日を記入
- 配偶者の基礎年金番号：5121-003454 → 配偶者の基礎年金番号を記入
- 配偶者の性別：1.男 2.女（2に○） → 配偶者の性別の該当する1か2に「○」をする

②(a)配偶者の住所が「請求される方」の住所と異なる場合は、配偶者の住所を記入してください。

- 郵便番号　－　◆住所コード
- 配偶者の住所（フリガナ）　市区町村

→ 配偶者と請求者の住所が異なっている場合に住所などを記入

b) 配偶者は厚生年金保険、国民年金または船員保険に加入したことがありますか。該当するものを○で囲んでください。「ある」を○で囲んだ方は、お持ちになっている年金手帳の記号番号（基礎年金番号以外の記号番号がある場合のみ）を記入してください。

1. ある　2. ない　3. わからない

厚生年金保険	－
国民年金	－
船員保険の手帳記号番号	－

→ 基礎年金番号と異なる番号を持つ年金制度に配偶者が加入したことがある場合に「1」に「○」をする。その基礎年金番号と異なる番号を下の10ケタに記入。異なる番号のないときは「2」、不明のときは「3」に「○」をする

③配偶者は現在、表1のいずれかの制度の年金を受けていますか。該当するものを○で囲んでください。

1. 老齢・退職の年金を受けている
2. 障害の年金を受けている
3. いずれも受けていない
4. 請求中

→ 4を○で囲んだ方

公的年金制度名（表1より選択）	年金の種類
	・老齢または退職 ・障害

→ 1または2を○で囲んだ方

→ 配偶者の年金受給の有無についてあてはまる項目のカタカナに「○」をする

※「1. 老齢・退職の年金を受けている」または「2. 障害の年金を受けている」を○で囲んだ方は記入してください。

添付 →添付書類一覧の項番7をご覧ください。（15ページの「ご注意ください」（注3）をご覧ください。）

公的年金制度名（表1より選択）	年金の種類	年　月	年金証書の年金コードまたは記号番号等
	老齢または退職・障害	昭和 平成 年 月	
	老齢または退職・障害	昭和 平成 年 月	
	老齢または退職・障害	昭和 平成 年 月	

→ 配偶者が年金受給していた場合に裁定請求書9頁の表1からその年金制度を選びそのア～スのカタカナを記入

→ 年金証書にある年金コードを記入

(2) 子の氏名、生年月日および障害の状態について記入してください。（4人目以降は余白に記入してください。）

添付 →添付書類一覧の項番3～5をご覧ください。

子の氏名	（フリガナ）（名）	生年月日 5.昭和 7.平成 年 月 日	◆診
		障害の状態　ある・ない	
子の氏名	（フリガナ）（名）	生年月日 5.昭和 7.平成 年 月 日	◆診
		障害の状態　ある・ない	
子の氏名	（フリガナ）（名）	生年月日 5.昭和 7.平成 年 月 日	◆診
		障害の状態　ある・ない	

→ 18歳到達年度の末日または20歳未満の1級または2級障害の子がいるときに氏名、生年月日、障害の状態の有無について記入

年金証書にある年金の種類に「○」をする

年金証書にある年金受給年月を記入する

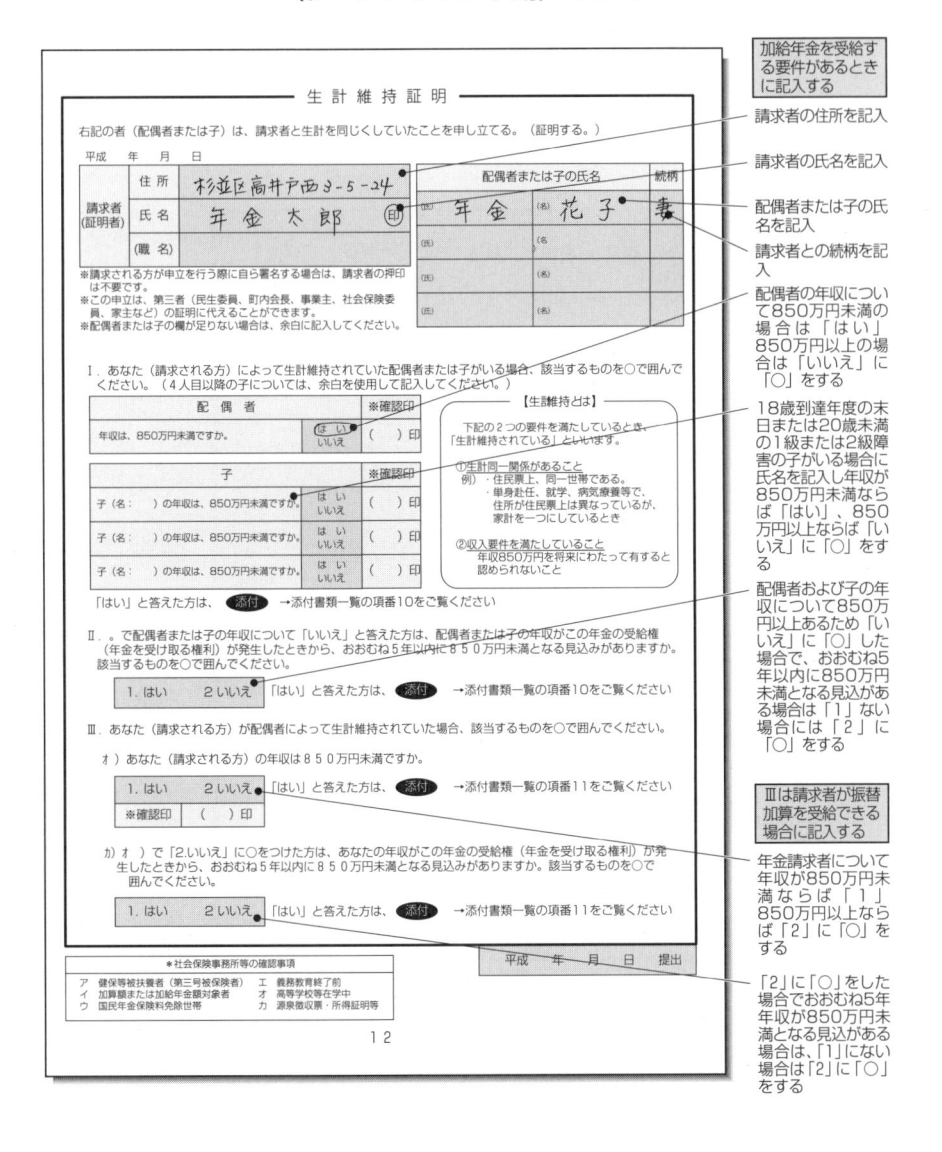

図表19-7　国民年金・厚生年金保険老齢給付裁定請求書（ターンアラウンド用）その6

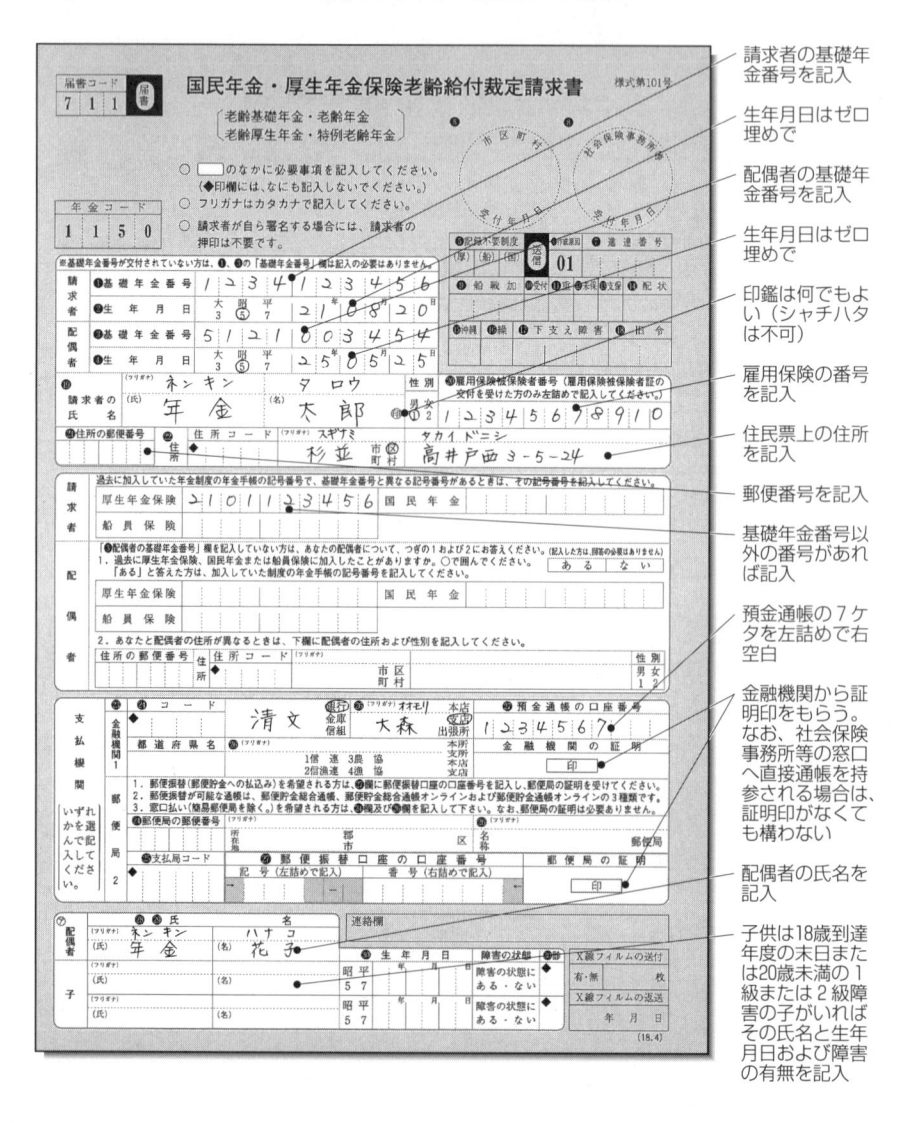

図表19-8　国民年金・厚生年金保険老齢給付裁定請求書
　　　　　　（101号様式）その1

この様式は主に以下のような人が請求する場合に使用するものです。
① 繰上げ請求をする場合
② 配偶者のカラ期間等を使用して請求する場合
③ ターンアラウンド用紙を紛失・破損した場合

PART3　公的年金の老齢給付（厚生年金・国民年金）

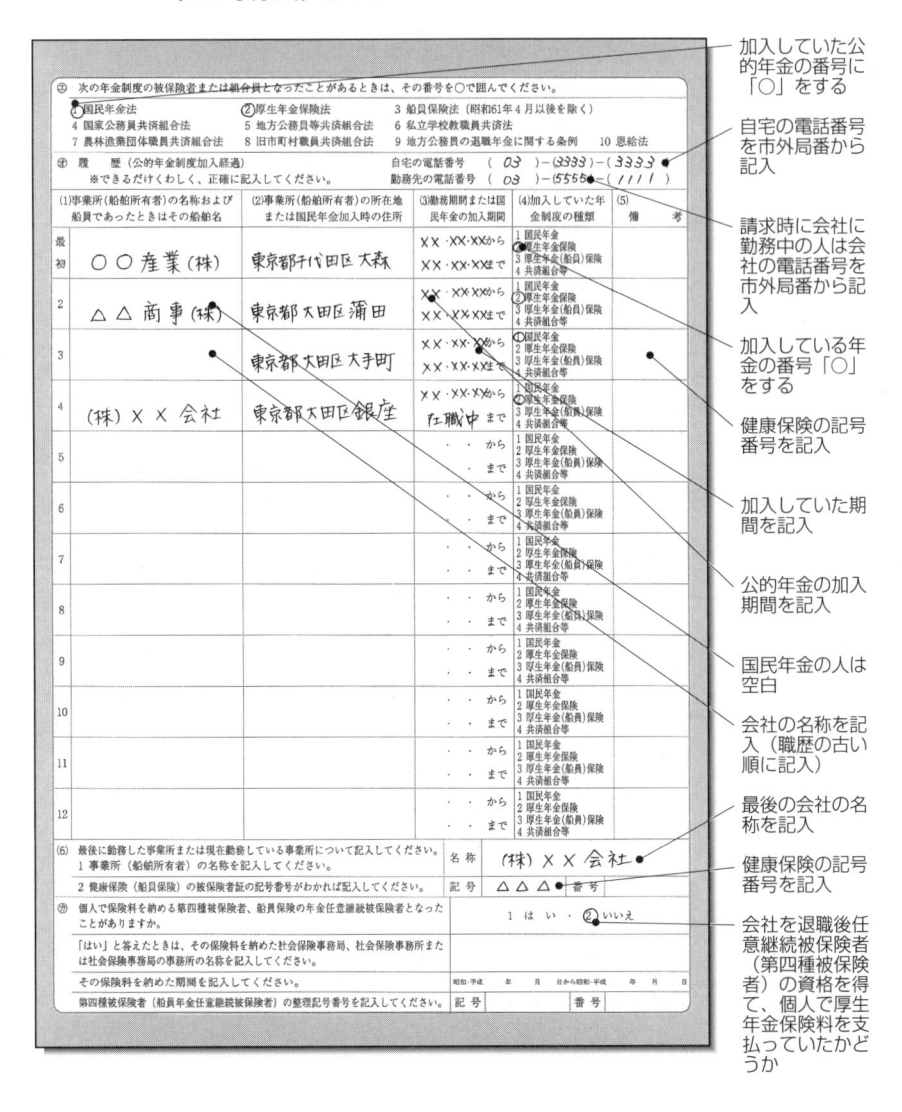

図表19-9　国民年金・厚生年金保険老齢給付裁定請求書（101号様式）その2

図表中の注釈（右側の引き出し線より）：

- 加入していた公的年金の番号に「○」をする
- 自宅の電話番号を市外局番から記入
- 請求時に会社に勤務中の人は会社の電話番号を市外局番から記入
- 加入している年金の番号「○」をする
- 健康保険の記号番号を記入
- 加入していた期間を記入
- 公的年金の加入期間を記入
- 国民年金の人は空白
- 会社の名称を記入（職歴の古い順に記入）
- 最後の会社の名称を記入
- 健康保険の記号番号を記入
- 会社を退職後任意継続被保険者（第四種被保険者）の資格を得て、個人で厚生年金保険料を支払っていたかどうか

19 特別支給の老齢厚生年金の請求時期

図表19－10　国民年金・厚生年金保険老齢給付裁定請求書（101号様式）その3

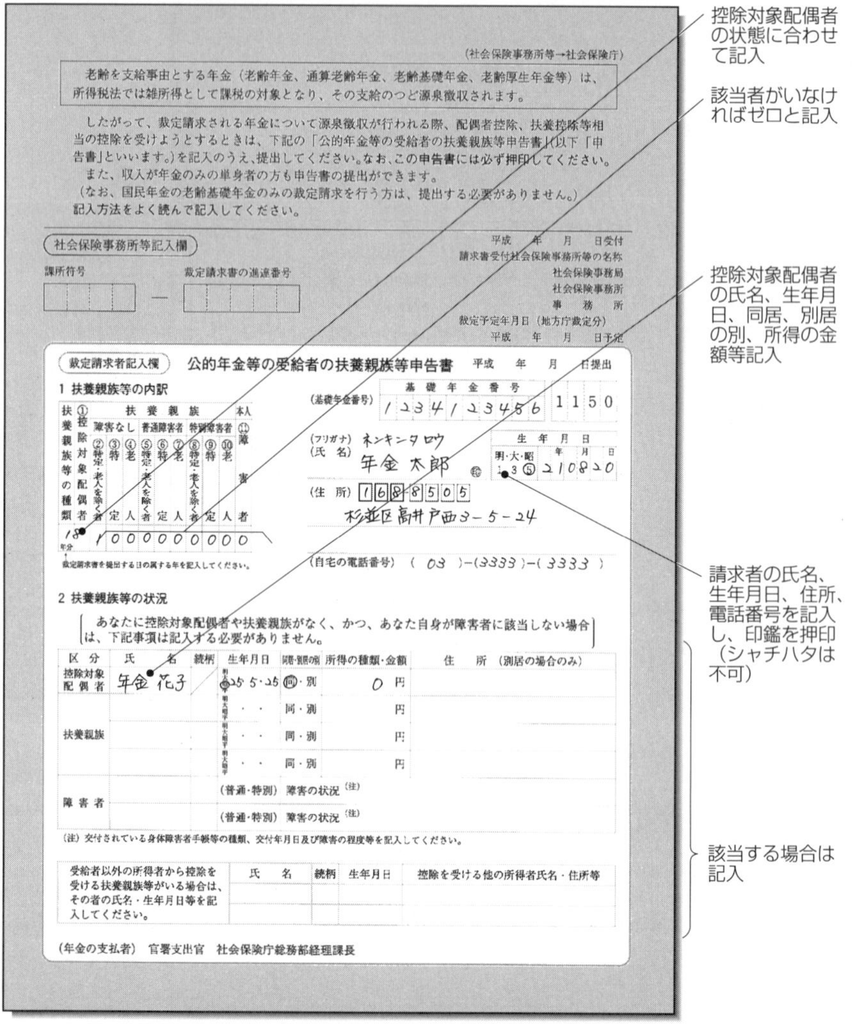

（社会保険事務所等→社会保険庁）

老齢を支給事由とする年金（老齢年金、通算老齢年金、老齢基礎年金、老齢厚生年金等）は、所得税法では雑所得として課税の対象となり、その支給のつど源泉徴収されます。

したがって、裁定請求される年金について源泉徴収が行われる際、配偶者控除、扶養控除等相当の控除を受けようとするときは、下記の「公的年金等の受給者の扶養親族等申告書」(以下「申告書」といいます。)を記入のうえ、提出してください。なお、この申告書には必ず押印してください。

また、収入が年金のみの単身者の方も申告書の提出ができます。

（なお、国民年金の老齢基礎年金のみの裁定請求を行う方は、提出する必要がありません。）

記入方法をよく読んで記入してください。

社会保険事務所等記入欄

平成　年　月　日受付

課所符号　　裁定請求書の進達番号

請求書受付社会保険事務所等の名称

社会保険事務局

社会保険事務所

事　務　所

裁定予定年月日（地方庁裁定分）

平成　年　月　日予定

裁定請求者記入欄　**公的年金等の受給者の扶養親族等申告書**　平成　年　月　日提出

1 扶養親族等の内訳

扶養親族等の種類	①控除対象配偶者	②特定・老人を除く者	③特定	④老人	⑤特定・老人を除く者	⑥特定	⑦老人	⑧特定・老人を除く者	⑨特定	⑩老人	⑪障害者
		扶養親族 障害なし			普通障害者			特別障害者			本人
18年分	1	0	0	0	0	0	0	0	0	0	

裁定請求書を提出する日の属する年を記入してください。

（基礎年金番号）基礎年金番号　1234　123456　1150

（フリガナ）ネンキンタロウ

（氏　名）年金太郎　㊞

生年月日　明・大・昭 1 3 ⑤　21年08月20日

（住　所）168-8505

杉並区高井戸西3－5－24

（自宅の電話番号）（03）－（3333）－（3333）

2 扶養親族等の状況

あなたに控除対象配偶者や扶養親族がなく、かつ、あなた自身が障害者に該当しない場合は、下記事項は記入する必要がありません。

区分	氏名	続柄	生年月日	同居・別居の別	所得の種類・金額	住所（別居の場合のみ）
控除対象配偶者	年金花子		明大昭平 25.5.25	㊐・別	0円	
扶養親族			明大昭平 ・ ・	同・別	円	
			明大昭平 ・ ・	同・別	円	
			明大昭平 ・ ・	同・別	円	
障害者			（普通・特別）障害の状況（注）			
			（普通・特別）障害の状況（注）			

（注）交付されている身体障害者手帳等の種類、交付年月日及び障害の程度等を記入してください。

受給者以外の所得者から控除を受ける扶養親族等がいる場合は、その者の氏名・生年月日等を記入してください。	氏名	続柄	生年月日	控除を受ける他の所得者氏名・住所等

（年金の支払者）　官署支出官　社会保険庁総務部経理課長

図表19-11　国民年金・厚生年金保険老齢給付裁定請求書（101号様式）その4

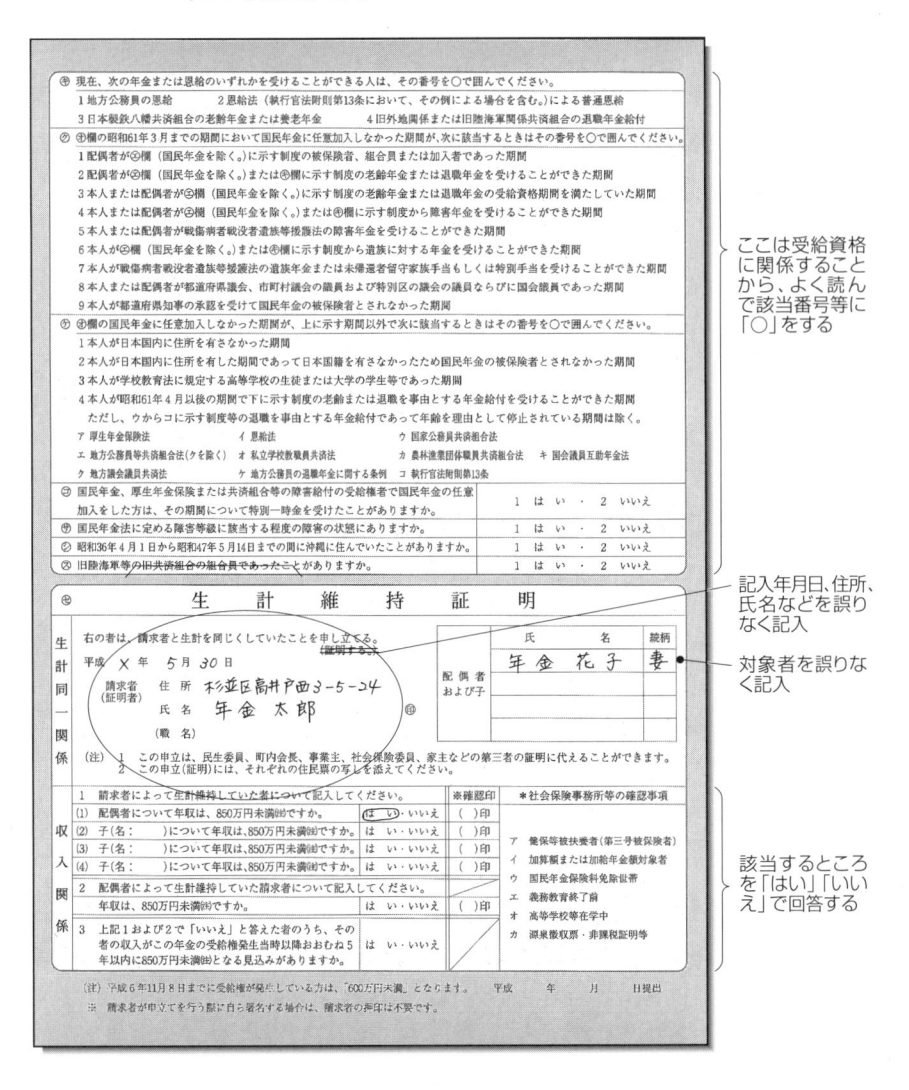

20 年金請求に必要な添付書類

Q 年金手続に必要な添付書類にはどのようなものがありますか。

A 老齢基礎年金や老齢厚生年金を請求するときは「国民年金・厚生年金保険老齢給付裁定請求書」を提出しますが、これには加入していた年金の種類、加入期間、配偶者の有無等により添付書類が必要となります。特に重要なものとして配偶者や本人の所得証明書があります。

　老齢基礎年金や老齢厚生年金を請求するときには、「国民年金・厚生年金保険老齢給付裁定請求書」を社会保険事務所等に提出します。この裁定請求書は加入していた年金の種類、加入期間、配偶者の有無等によって年金の受給の仕方が異なりますので、添付書類もそれに応じて異なります。

　添付書類は一般的には次頁のとおりですが、配偶者がいる場合の所得証明については、次のようになります。

① 本人が老齢基礎年金を請求するとき
　配偶者の厚生年金加入期間が20年以上の場合は本人の所得証明書が必要

② 本人が老齢厚生年金を請求するとき
　ア　本人の厚生年金加入期間が20年以上の場合は配偶者の所得証明書が必要

Point 老齢基礎年金や老齢厚生年金の請求には、裁定請求書のほかに年金の種類、加入期間、配偶者の有無等により必要な添付書類が異なります。

イ　配偶者の厚生年金加入期間が20年以上の場合は本人の所得証明書が必要

図表20　年金を請求する場合に必要な添付書類

①年金手帳（厚生年金・国民年金）、基礎年金番号通知書	本人・配偶者
②雇用保険被保険者証	本人
③雇用保険受給資格者証	本人
④厚生年金保険老齢厚生年金受給者支給停止事由該当届	本人
⑤高年齢雇用継続給付支給決定通知書	本人
⑥戸籍謄本（受給権発生年月日以降のもので省略のないもの）＊	本人・配偶者
⑦住民票（受給権発生年月日以降のもので省略のないもの）＊	世帯全員
⑧年金証書、恩給証書	本人・配偶者
⑨印鑑（認印でも可）	本人
⑩年金加入期間確認通知書（共済組合員であったことがある場合）	本人・配偶者
⑪年金加入期間確認請求書	本人
⑫預金通帳または貯金通帳（本人名義）または金融機関の証明	本人
⑬配偶者の所得証明書または非課税証明書	本人・配偶者・子
⑭在学証明書	子
⑮健康保険証	本人・配偶者
⑯外国人登録証明書	本人・配偶者
⑰職歴のメモ書き	本人
その他（窓口担当者の説明により提出を求められたもの）	

＊独身者で裁定請求書に住民票コードを記入した人は省略可能。
（注）　添付書類はそれぞれの事情により異なる。

21　国民年金・厚生年金保険年金証書の到着

Q 厚生年金等の年金証書は、請求後、どれくらいの期間で送付されてくるのでしょうか。また、そこに記載されている内容についても教えてください。

A 老齢基礎年金や老齢厚生年金などの年金は、請求したからといってすぐに年金証書が交付されるわけではありません。年金の請求後に裁定が行われますが、裁定には通常1～2か月かかります。裁定されたならば年金証書と裁定通知書が送られてきます。

老齢基礎年金や老齢厚生年金などの請求は、準備し、請求した後に、社会保険庁で裁定が行われますが、裁定には通常1～2か月かかります。

① 準　備
- 職歴を確認し、戸籍謄本、住民票その他の添付書類を準備します(受給権の発生：60歳または65歳の誕生日の前日以後に取り寄せます)。
- 本人および配偶者の年金手帳（基礎年金番号通知書）、年金証書等を準備します。

② 請　求
市区町村役場（国民年金1号期間の人のみ）または社会保険事務所に裁定請求書と添付書類を提出します。

③ 裁　定
社会保険事務所で裁定されます。

Point 年金証書・年金裁定通知書に記載される年金額は、受給権発生時のものです。その後の年金額変更時は、裁定通知書・支給額変更通知書が送られてきます。

年金証書と裁定通知書は1枚になっており、年金の種類、基礎年金番号、年金コード、受給権者氏名、受給権発生年月日、年金額等が記載されています。

図表21　国民年金・厚生年金の請求と裁定までの流れ

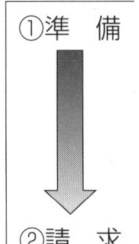

①準備
- 厚生年金は60歳、国民年金は65歳の誕生日の前日（原則）
- ○職歴の確認をして、戸籍謄本などを用意してください
- ○年金手帳（基礎年金番号通知書）を失くした人は社会保険事務所で再交付の手続を受けてください
  配偶者の年金手帳（基礎年金番号通知書）も必要です
- ○年金受給者（本人・配偶者）は年金証書

②請求
- 厚生年金は60歳、国民年金は65歳の誕生日以降（原則）
- ○国民年金は住所地の市区町村役場の国民年金課
- ○国民年金の第3号被保険者期間がある場合と厚生年金は住所地（会社管轄）の社会保険事務所

③裁定
- 請求後1～2か月以内
  年金証書と年金裁定通知書が送られてきます

国民年金・厚生年金保険年金証書

年金の種類　老齢　基礎年金番号 1234-567890　年金コード 1150
受給権者の氏名　ネンキン タロウ　年金太郎
受給権者の生年月日　昭和 16年 9月 16日　受給権を取得した年月　平成 13年 9月

上記のとおり、国民年金法による年金給付・厚生年金保険法による保険給付を行うことに決定したことを証します。
　　　　　平成 15年 5月 22日　　　　社会保険庁長官

厚生年金保険裁定通知書

老齢	厚生年金	該当条文 厚生年金保険法 02 第 8 条の					被保険者の種別	実期間(月)	平均標準報酬月額及び平均標準報酬額(円)
支給開始年月	基本額	加給年金額または加算額	繰下げによる加算額	支給停止額(円)	年金額(円)		平成15年3月までの	1～4種	449	449,993
13.10	1,679,000			1,679,000	0		平成15年4月以降の	1～4種		
15. 4	1,663,900			1,663,900	0		平成15年3月までの基金1～3種		
							平成15年4月以降の基金1～3種		
							昭和61年3月1日までの　3種		
							平成3年3月1日までの　3種		
							昭和61年3月1日までの基金 3種		
							平成3年3月1日までの基金 3種		

停止事由 01　停止期間　13年 10月から　　年　月まで
加給年金額対象者〔配偶者　　　　　　　（区分　　）子　　人〕遡及加算区分
被保険者期間計 449 月　（厚年期加算 0.0円　給保期加算 0.0円　沖縄農林　　　0月　旧令期間　　0月　沖縄免除期間　　0月

22　厚生年金基金加入者の年金請求

Q 厚生年金基金に加入期間がある場合、年金手続にはほかに何がありますか。

A 厚生年金基金加入者は、社会保険庁への請求のほかに厚生年金基金にも請求する必要があります。基金の年金の請求は、原則として厚生年金基金に対して行いますが、基金加入を短期間（10〜15年未満）で脱退した人は、中途脱退者として、企業年金連合会から受給するため、企業年金連合会に請求します。

　厚生年金基金加入者は、厚生年金を社会保険庁に請求するほかに、厚生年金の代行部分と上乗せ部分については厚生年金基金に請求する必要があります。基金には、支給開始時に請求する基金と退職時に請求しておく基金がありますが、これは基金ごとに規約によって決っていますから、基金に確認する必要があります。

　また、基金を短期間（10〜15年未満）で脱退した人や転職によりいくつかの基金に加入していた人については、基金から企業年金連合会に移管され、企業年金連合会から年金を受給することになります。

　中途脱退者の年金の請求については、企業年金連合会から「企業年金連合会老齢年金裁定請求書」が送られてきますから、それに必要な事項を記入して返送することにより行います。必要な添付書類としては厚生年金基金加入員証、戸籍抄本、厚生年金証書のコピーなどです。

　住所変更等で請求書が届かないときは、確認が必要です。

Point 厚生年金基金加入者は、厚生年金の請求のほかに、基金（中途脱退者は企業年金連合会）にも請求する必要があります。

図表22　厚生年金基金への請求（企業年金連合会に請求する場合）

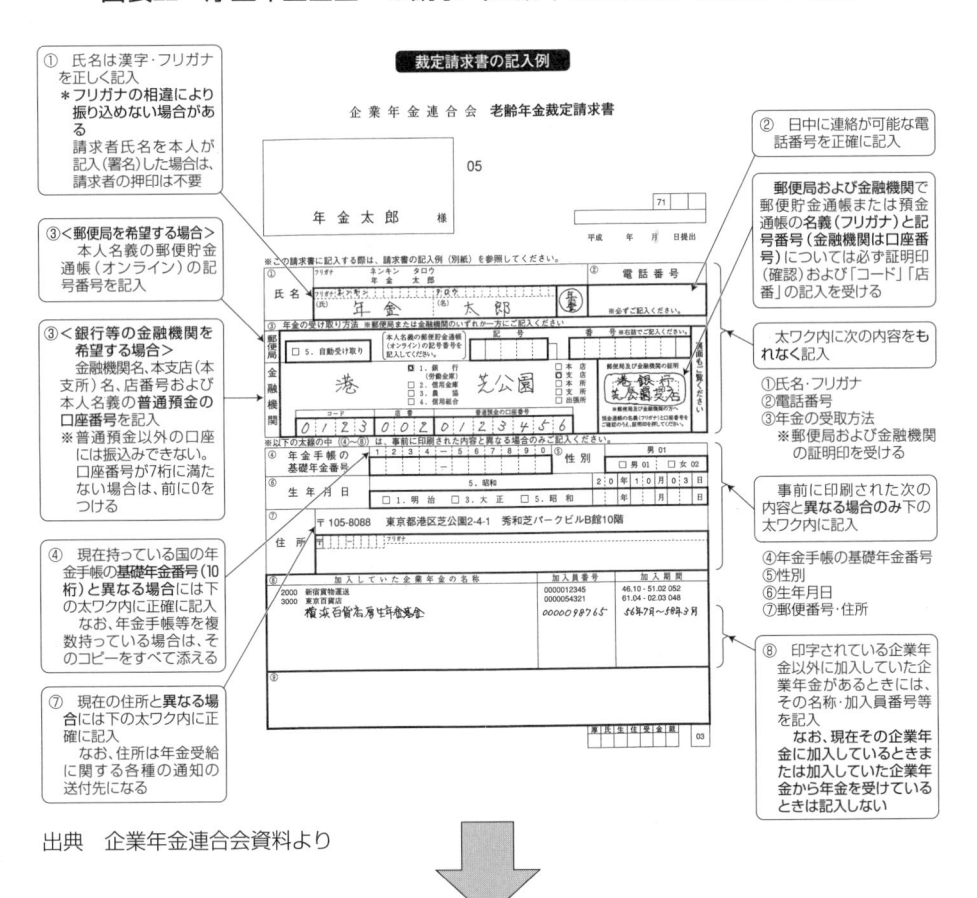

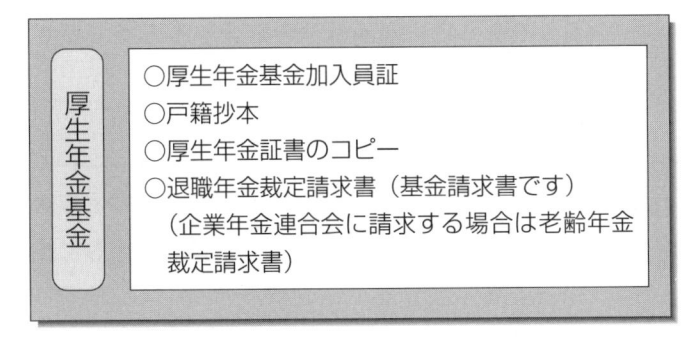

裁定請求書の記入例

① 氏名は漢字・フリガナを正しく記入
　＊フリガナの相違により振り込めない場合がある
　請求者氏名を本人が記入（署名）した場合は、請求者の押印は不要

③ ＜郵便局を希望する場合＞
　本人名義の郵便貯金通帳（オンライン）の記号番号を記入

③ ＜銀行等の金融機関を希望する場合＞
　金融機関名、本支店（本支所）名、店番号および本人名義の普通預金の口座番号を記入
　※普通預金以外の口座には振込みできない。口座番号が7桁に満たない場合は、前に0をつける

④ 現在持っている国の年金手帳の基礎年金番号（10桁）と異なる場合には下の太ワク内に正確に記入
　なお、年金手帳等を複数持っている場合は、そのコピーをすべて添える

⑦ 現在の住所と異なる場合には下の太ワク内に正確に記入
　なお、住所は年金受給に関する各種の通知の送付先になる

② 日中に連絡が可能な電話番号を正確に記入

郵便局および金融機関で郵便貯金通帳または預金通帳の名義（フリガナ）と記号番号（金融機関は口座番号）については必ず証明印（確認）および「コード」「店番」の記入を受ける

太ワク内に次の内容をもれなく記入
①氏名・フリガナ
②電話番号
③年金の受取方法
　※郵便局および金融機関の証明印を受ける

事前に印刷された次の内容と異なる場合のみ下の太ワク内に記入
④年金手帳の基礎年金番号
⑤性別
⑥生年月日
⑦郵便番号・住所

⑧ 印字されている企業年金以外に加入していた企業年金があるときには、その名称・加入員番号等を記入
　なお、現在その企業年金に加入しているときまたは加入していた企業年金から年金を受けているときは記入しない

出典　企業年金連合会資料より

厚生年金基金
○厚生年金基金加入員証
○戸籍抄本
○厚生年金証書のコピー
○退職年金裁定請求書（基金請求書です）
　（企業年金連合会に請求する場合は老齢年金裁定請求書）

23 年金の実際の受取りについて

Q 特別支給の老齢厚生年金はいつ支払いが始まり、どのように入金されるのでしょうか。

A 特別支給の老齢厚生年金は、裁定請求後1～2か月で年金証書と年金裁定通知書が送られ、その後さらに1～2か月後に指定した預金口座に振り込まれ、振込（支払）通知書が送られてきます。初回は奇数月に振り込まれることがありますが、その後は偶数月に2か月分ずつ振り込まれます。

　特別支給の老齢厚生年金の裁定請求をしますと、1～2か月で年金証書と年金裁定通知書が送られてきます。その後1～2か月すると、裁定請求時に指定した預金口座等に年金が振り込まれ、あわせて振込（支払）通知書が送られてきます。年金は通常指定した金融機関の預金口座や郵便局の貯金口座に振り込まれますが、郵便局の場合は、年金送金通知書と年金証書をもって現金で支払いを受けることもできます。このときは支払いのつど「年金送金通知書」が送られてきます。

　裁定請求をして年金を受ける権利が確定すると、請求した日や裁定が行われた日とは関係なく、年金を受ける権利が発生した月の翌月分から支給されます。たとえば、受給権が発生してから数か月後に裁定請求した場合は、初回（第1回目）の支払日に数か月分の年金がまとめて振り込まれることになります。

Point 年金は、裁定請求後1～2か月で年金証書と年金裁定通知書が送られ、その後1～2か月後に指定した預金口座等に振り込まれます。

年金の振込みは、毎年2月、4月、6月、8月、10月、12月の6回に分けて、前の2か月分ずつ振り込まれます。支払日は15日ですが、15日が土曜日の場合は14日、日曜日の場合は13日が支払日となります。なお、初回の振込みや、年金の請求が遅れたためずっと以前の分もまとめて受けるときなどは、支払期でない奇数月でも振り込まれることがあります。

　年金の受給権者には、年1回毎年6月に、各支払期の年金額などが記入された「振込（支払）通知書」が送付されます。ただし、年金額の改定などの支払額の変更や受取機関の変更があった場合には、そのつど通知されます。また、毎年誕生月の末日までに年金受給権者現況届[注]（ハガキ）を社会保険業務センターに提出することになっていますが、これを期限までに提出しないと年金の支払いが差し止められることがあります。そのほか住所・年金の受取先の変更時には、住所・支払機関変更届を提出します。

　注　現況届は、平成18年10月以降段階的に廃止されます（住基ネットにより住所等を確認する）

図表23　年金振込月表

年金の種類		受取月 1	2	3	4	5	6	7	8	9	10	11	12	毎支給日
国民年金	老齢（基礎年金）		●		●		●		●		●		●	15日
	障害・遺族年金		●		●		●		●		●		●	15日
厚生年金	老齢（厚生年金）		●		●		●		●		●		●	15日
	障害・遺族年金		●		●		●		●		●		●	15日
各共済組合			●		●		●		●		●		●	15日

24 現況届を提出する目的

Q 年金受給者には、年金を引き続き受給するための条件として、どのような手続が求められているでしょうか。

A 年金受給者は、毎年1回、社会保険庁に現況届を提出します。現況届は、引き続き年金を受ける権利があるかどうかを確認するもので、これを提出しないと、年金の支払いが差し止められることがあります。このほかにも、氏名、住所、受取先の変更時等に所定の届け出を提出します。

　年金受給者は、引き続き年金を受けるためには、毎年1回、社会保険庁に現況届を提出するなど、定められた手続を行うことになっています。

① 現況届

　現況届は、引き続き年金を受ける権利があるかどうかを年1回社会保険庁で確認するもので、現況届の用紙（ハガキ）は提出月の月初めに社会保険庁（社会保険業務センター）から送られてきます。用紙は加給年金の対象者の有無で異っています。

　現況届の提出期限は、受給者の毎年の誕生月の末日となっています。現況届を提出期限までに提出しないと、年金の支払いが差し止められたり、受けることができなくなりますので、注意が必要です[注]。

　　注　現況届は段階的に廃止されます（前頁参照）

② その他の届け出

(1) 氏名を変えたとき……………………年金受給権者氏名変更届を

Point 年金受給者は、毎年1回現況届を提出するほか、氏名・住所・受取先の変更時等には所定の届け出をする必要があります。

提出します。
(2) 住所や年金の受取先を変えるとき……年金受給権者住所・支払機関変更届を提出します。

図表24 現況届

○加給年金対象者がいないとき

年金受給権者現況届（新・旧）

下記の事項を必ず記入し、提出してください。
1. 年金証書の基礎年金番号・年金コード

2. 生 年 月 日

　　明・大・昭・平　　年　月　日
　　1　3　5　7

受給権者　氏名 (フリガナ)

　　　　　住所 〒

　　　　　電話番号（　　）-（　　）-（　　）

私は、引き続き年金を受ける権利を有しており、この届書に記載した内容は事実と相違ないことを申し立てます。

代理人欄	署名 氏名	受給権者との関係	住所 電話番号（　）-（　）-（　）

○加給年金対象者がいるとき

年金受給権者現況届（新・旧）

受給権者の欄	年金証書の基礎年金番号・年金コード		生年月日　年　月　日
	住所 〒		
	フリガナ 氏名	電話番号（　）-（　）-（　）	

私は引き続き年金を受ける権利を有しており、この届書に記載した内容は事実と相違ないことを申し立てます。

加給年金額対象者の欄	配偶者	フリガナ 氏名 生年月日　年　月　日	子供	フリガナ 氏名 生年月日　年　月　日　障害の有無
	子供	フリガナ 氏名 生年月日　年　月　日　障害の有無	子供	フリガナ 氏名 生年月日　年　月　日　障害の有無

上記の加給年金額の対象者は、私が引き続き生計を維持しています。

代理人欄	署名 氏名	受給権者との関係	住所 電話番号（　）-（　）-（　）

24 現況届を提出する目的　69

25　定額部分受給時の手続

Q 厚生年金の満額年齢になる前月までに行うべき手続はありますか。

A 厚生年金の満額になる年齢は、段階的に61歳〜65歳へと引き上げられています。年金の請求は、報酬比例部分の受給権発生時に手続をしておけば、定額部分受給時には特に手続の必要はありませんが、加給年金の対象者がいる場合には、生計維持申立書を兼ねた現況届を提出します。

　特別支給の老齢厚生年金の満額になる年齢は、生年月日により、段階的に引き上げられています。そして加給年金の対象者がいる場合でも、満額年齢にならなければ、加給年金も受給できません。

　年金の請求については、報酬比例部分の受給権発生（60歳）時に手続をしておけば、定額部分の受給時には、特に手続の必要はありません。ただし、加給年金の対象者がいる場合には、生計維持申立書を兼ねた「国民年金・厚生年金保険受給権者現況届（生計維持申立書）」を提出する必要があります。これは、加給年金の対象者がいる場合、60歳時にあらかじめ加給年金対象者の所得証明書等を提出させ、生計維持の認定を行っておきますが、この状態が定額部分受給時には変更がないことを確認するためのものです。

　なお、60歳時には加給年金対象者がいなかったものの、その後、定額部分支給時までに結婚等で加給年金対象者ができたときは、「厚生年金保険

Point 定額部分受給時に、加給年金対象者がいるときは「国民年金・厚生年金保険受給権者現況届（生計維持申立書）」を提出します。

PART 3　公的年金の老齢給付（厚生年金・国民年金）

加給年金額加算開始事由該当届」を提出します。

図表25　厚生年金の報酬比例部分と定額部分の関係

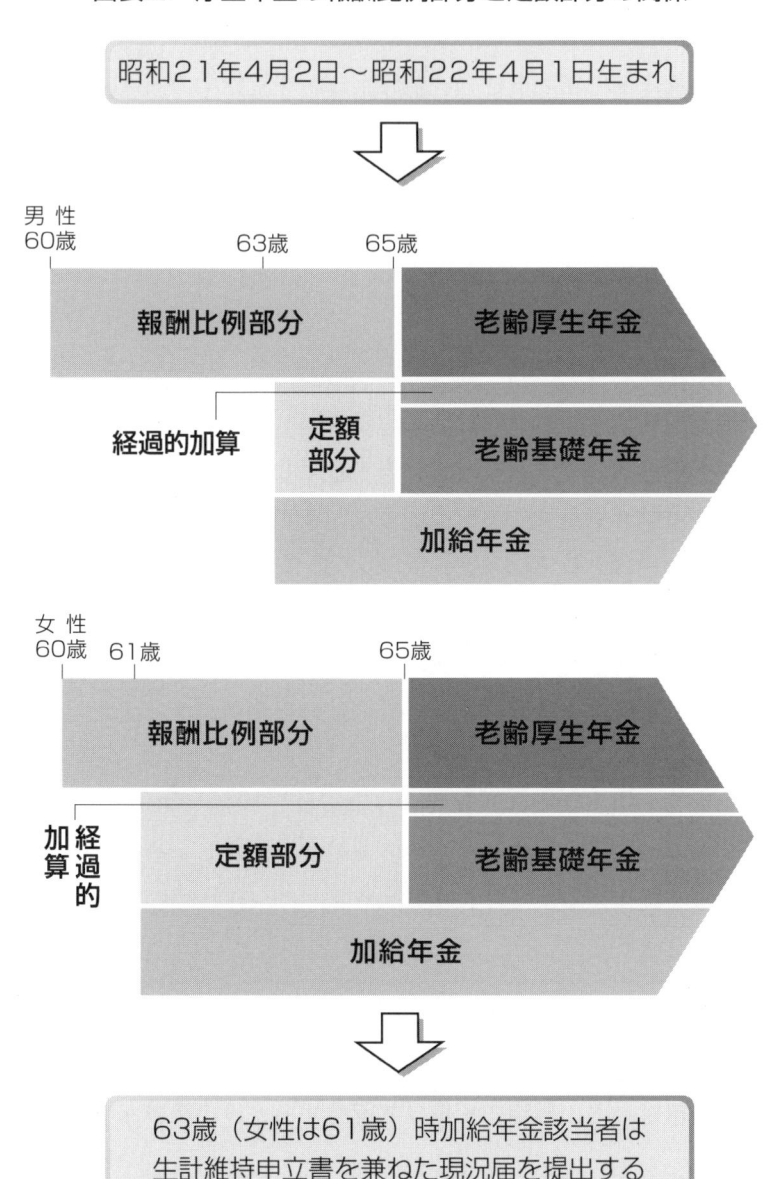

昭和21年4月2日〜昭和22年4月1日生まれ

男性60歳　63歳　65歳
報酬比例部分　老齢厚生年金
経過的加算　定額部分　老齢基礎年金
加給年金

女性60歳　61歳　65歳
報酬比例部分　老齢厚生年金
経過的加算　定額部分　老齢基礎年金
加給年金

63歳（女性は61歳）時加給年金該当者は生計維持申立書を兼ねた現況届を提出する

26　65歳時の老齢基礎年金・老齢厚生年金の手続

Q 65歳で老齢基礎年金をもらうときの手続にはどんなものがあるか教えてください。

A 65歳未満で特別支給の老齢厚生年金を受給中の人は、それまでの年金受給権は消滅し、新たに老齢厚生年金と老齢基礎年金の受給権が発生します。この手続は、社会保険庁から送られてくるハガキ形式の裁定請求書に、市区町村長の証明印を受けて返送するだけですみます。

　65歳前に受給する年金は、特別支給の老齢厚生年金というもので、この受給権は65歳に達したときに消滅します。そして、新たに本来支給の老齢厚生年金と老齢基礎年金の受給権が発生します。

　この場合の手続としては、社会保険庁（社会保険業務センター）から65歳到達月の前月末（1日生まれの人は65歳の誕生日の属する月の前々月末）までに送られてくるハガキ形式の「国民年金・厚生年金保険老齢給付裁定請求書」に、市区町村長の証明印を受けて、社会保険業務センターに提出（返送）することで終了します。

　このハガキの提出期限は65歳到達月の末日（1日生まれの人は前月末日）となっており、提出が遅れると年金の支給が一時差し止められますので、なるべく早く提出するようにしましょう。

Point 65歳未満で特別支給の老齢厚生年金を受給していた人の65歳時の手続は、社会保険庁から送られてくるハガキ形式の裁定請求書に、市区町村長の証明印を受けて返信するだけの簡単な手続ですみます。

なお、特別支給の老齢厚生年金の受給権のない人は、老齢基礎年金のみの請求となりますので、通常の裁定請求書により社会保険事務所に請求します。

図表26　年金受給者が65歳になったときの手続

```
65歳未満で特別支給の老齢厚生年金を受給中
           ↓
社会保険庁（社会保険業務センター）から
ハガキ形式の裁定請求書が送付されてくる
           ↓
裁定請求書に氏名、生年月日等を記入し、
市区村長の証明印を受けて返送する
       ↙        ↘
```

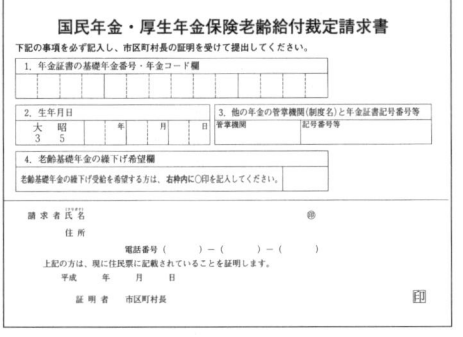

○加給年金対象者がいないとき　　○加給年金対象者がいるとき

26　65歳時の老齢基礎年金・老齢厚生年金の手続　73

27　特別支給の老齢厚生年金の受給年齢

Q 性別により年金支給開始年齢に違いがあるのでしょうか。

A 厚生年金の加入期間が1年以上あり、老齢年金の受給資格のある人は、特別支給の老齢厚生年金を受給できますが、男性は昭和16年4月2日以降生まれから、女性は5年遅れの昭和21年4月2日以降生まれから、段階的に61歳から65歳に支給開始年齢が引き上げられます。

　厚生年金の加入期間が1年以上あり、老齢年金の受給資格のある人は、特別支給の老齢厚生年金を受給できます。特別支給の老齢厚生年金は、昭和16年4月1日以前生まれの人は、60歳から満額を受給できましたが、性別や生年月日によって満額受給できる年齢が段階的に引き上げられることになっています。

　男性で、昭和16年4月2日から昭和24年4月1日までに生まれた人は、60歳から報酬比例部分が支給され、定額部分の支給開始年齢は、61歳〜65歳へと段階的に引き上げられます。さらに昭和28年4月2日から昭和36年4月1日までに生まれた人は、報酬比例部分の年金についても61歳〜65歳に引き上げられることになっています。

　女性の場合は、ちょうど5年遅れで、昭和21年4月2日以降生まれの人から、同様の仕組みで支給開始年齢の引上げが行われます。

Point 特別支給の老齢厚生年金の支給開始年齢は、男性は昭和16年4月2日以降、女性は昭和21年4月2日以降生まれから引き上げられています。

なお、共済組合の場合は、女性も男性と同じです。また厚生年金加入44年以上の人には特例があります。

図表27　特別支給の老齢厚生年金の受給開始時期

厚生年金の支給開始年齢	男性用〈生年月日〉	女性用〈生年月日〉
60歳〜61歳：報酬比例部分／定額部分、65歳：老齢厚生年金・老齢基礎年金	昭和16年4月2日▼昭和18年4月1日	昭和21年4月2日▼昭和23年4月1日
60歳〜62歳：報酬比例部分／定額部分、65歳：老齢厚生年金・老齢基礎年金	昭和18年4月2日▼昭和20年4月1日	昭和23年4月2日▼昭和25年4月1日
60歳〜63歳：報酬比例部分／定額部分、65歳：老齢厚生年金・老齢基礎年金	昭和20年4月2日▼昭和22年4月1日	昭和25年4月2日▼昭和27年4月1日
60歳〜64歳：報酬比例部分／定額部分、65歳：老齢厚生年金・老齢基礎年金	昭和22年4月2日▼昭和24年4月1日	昭和27年4月2日▼昭和29年4月1日
60歳〜65歳：報酬比例部分、65歳：老齢厚生年金・老齢基礎年金	昭和24年4月2日▼昭和28年4月1日	昭和29年4月2日▼昭和33年4月1日
61歳〜65歳：報酬比例部分	昭和28年4月2日▼昭和30年4月1日	昭和33年4月2日▼昭和35年4月1日
62歳〜65歳：報酬比例部分	昭和30年4月2日▼昭和32年4月1日	昭和35年4月2日▼昭和37年4月1日
63歳〜65歳：報酬比例部分	昭和32年4月2日▼昭和34年4月1日	昭和37年4月2日▼昭和39年4月1日
64歳〜65歳：報酬比例部分	昭和34年4月2日▼昭和36年4月1日	昭和39年4月2日▼昭和41年4月1日
65歳：老齢厚生年金・老齢基礎年金	昭和36年4月2日以降	昭和41年4月2日以降

注1　共済組合は女性も男性と同じ（共済組合の女性は上記の男性用になる）
　2　厚生年金被保険者期間が44年以上あるとき、または障害厚生年金3級障害以上の状態にあるときは、上記に関係なく報酬比例部分の支給開始年齢から定額部分合わせて受給（ただし厚生年金に加入していない場合）

28 特別支給の老齢厚生年金の受給──通常受給

Q 「通常受給」とはどういったものなのでしょうか。

A 特別支給の老齢厚生年金の支給開始年齢が段階的に引き上げられることから、60歳以降の年金受給スタイルとして、①原則どおりの受給、②老齢基礎年金の一部繰上げ、③老齢基礎年金の全部繰上げ、の3つから選択できるようになりました。このうち①を「通常受給」といいます。

　特別支給の老齢厚生年金の支給開始年齢は、男性は昭和16年4月2日以降生まれから、女性は5年遅れの昭和21年4月2日以降生まれから、段階的に61歳から64歳へと引き上げられることになっています。

　支給開始年齢の引上げの仕組みは、男性の場合、次のようになっています。

① 昭和16年4月2日～昭和18年4月1日生まれ
　　報酬比例部分……60歳
　　定　額　部　分……61歳
② 昭和18年4月2日～昭和20年4月1日生まれ
　　報酬比例部分……60歳
　　定　額　部　分……62歳
③ 昭和20年4月2日～昭和22年4月1日生まれ
　　報酬比例部分……60歳

Point 60歳以降の年金受給スタイルには、いわゆる①原則どおり、②一部繰上げ、③全部繰上げ、の3つありますが、①を「通常受給」といいます。

定　額　部　分……63歳
④　昭和22年4月2日～昭和24年4月1日生まれ
　　報酬比例部分……60歳
　　定　額　部　分……64歳

　女性の場合は、男性より5年遅れとなっています。なお、男性で昭和24年4月2日以降生まれ、女性で昭和29年4月2日以降生まれは、65歳前の定額部分はなくなります。
　この結果、60歳から定額部分の支給開始年齢に達するまでの間の年金が少なくなるために、60歳以降の年金受給スタイルとして次の3つのタイプの中から選ぶことができるようになりました。
①　原則どおり受給する
②　老齢基礎年金の一部を繰り上げる
③　老齢基礎年金の全部を繰り上げる

　このうち①の原則どおりの受給タイプを「通常受給」といいます。

図表28　通常受給（例）

昭和20年4月2日～昭和22年4月1日生まれの男性

| 60歳 | 63歳 | 65歳 |

報酬比例部分の年金　｜　老齢厚生年金
　　　　　　　　定額部分の年金　｜　経過的加算
　　　　　　　　　　　　　　　　　　老齢基礎年金
　　　　　　　　加　給　年　金
　　　　　　　　63歳

29　特別支給の老齢厚生年金の受給── 一部繰上げ

Q 一部繰上げとは、どのような受給方法ですか。

A 特別支給の老齢厚生年金は、特に男性の場合、60歳からは報酬比例部分しか受給できません。年金額でいうと全額受給時の半額程度ですので、年金しか収入のない人は生活はできません。そこで、定額部分の支給開始年齢前に老齢基礎年金を一部繰り上げた年金と定額部分を繰上げ調整額で変形させた年金および報酬比例部分とを合算して受給する方法を「一部繰上げ」といいます。

　Q28で説明したとおり、特別支給の老齢厚生年金は、通常は図表29の上図（通常受給）の方法で支給されることになっています。60歳では①の部分しか支給されず、②と⑦は63歳にならないと支給されません。しかし、下図（一部繰上げ）の方法で63歳前でも②の定額部分を受給することができます。

　図表29の下図の②は60歳０か月で支給される場合です。考え方は簡単です。上図の②定額部分は63歳から２年間支給されるので、たとえば、この定額部分が年額100万円だとすると、65歳になるまでの２年間で200万円になります。下図②の定額部分の年金の調整額は、この200万円を60〜65歳の５年間で支給しますので、「200万円÷５年＝40万円」の年額となります。実際は月数で計算しますので、下図の②の計算は「100万円×24/60＝40万円」になります。

Point　「一部繰上げ」は60歳から定額部分の支給開始年齢になる月の前までに請求することになっています。定額部分の支給開始が63歳の人は36通りの受給パターンがあります。

また、老齢基礎年金は「繰上げ対象の老齢基礎年金」および「定額部分と同じ調整率の老齢基礎年金（加算額）」とに分けて考えます。そうすると上図の⑤のうち繰上げ対象の老齢基礎年金は「100万円×36/60＝60万円」となり、この60万円は繰上げしたので、老齢基礎年金（国民年金）の繰上げ制度の計算を行い、60歳0か月で国民年金を繰上げすると70％の支給率となるので、「60万円×0.7＝42万円」が⑦になります。65歳以降の加算額である下図の⑥は「100万円×24/60＝40万円」となります。
　一部繰上げ請求は「国民年金老齢基礎年金支給繰上げ請求書」を提出すればよいだけです。

図表29　一部繰上げ受給（昭和21年4月15日生まれの男性の例）

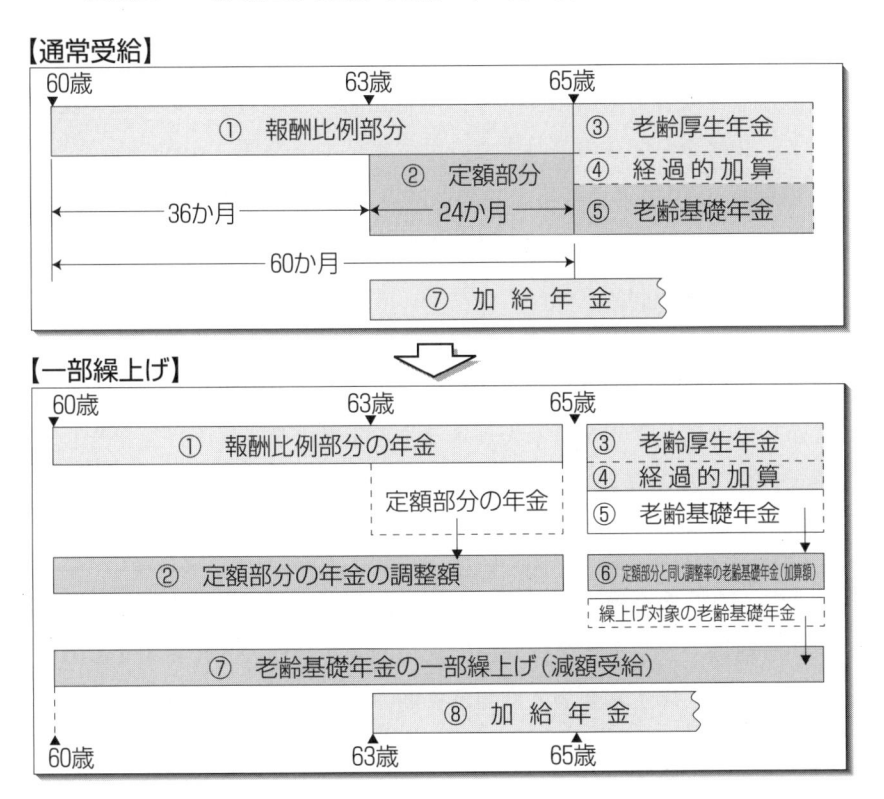

【通常受給】

60歳		63歳		65歳	
① 報酬比例部分				③ 老齢厚生年金	
		② 定額部分 24か月		④ 経過的加算	
				⑤ 老齢基礎年金	
←36か月→					
←——60か月——→					
		⑦ 加給年金			

【一部繰上げ】

60歳	63歳	65歳	
① 報酬比例部分の年金		③ 老齢厚生年金	
	定額部分の年金	④ 経過的加算	
		⑤ 老齢基礎年金	
② 定額部分の年金の調整額		⑥ 定額部分と同じ調整率の老齢基礎年金（加算額）	
		繰上げ対象の老齢基礎年金	
⑦ 老齢基礎年金の一部繰上げ（減額受給）			
	⑧ 加給年金		

60歳　　63歳　65歳

30　特別支給の老齢厚生年金の受給──全部繰上げ

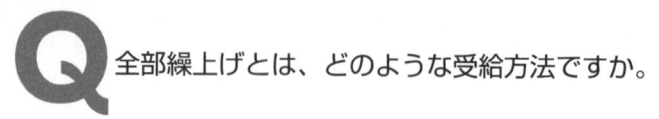

Q 全部繰上げとは、どのような受給方法ですか。

A 厚生年金加入期間が短期で、国民年金加入期間が長期だった人におすすめしたい受給方法です。20歳から60歳の前月までの厚生年金加入期間と国民年金の第1号および第3号被保険者期間の合計が65歳からの老齢基礎年金額に反映します。その65歳からの老齢基礎年金の全額を本人が希望する年齢で繰上げ請求を行い、報酬比例部分と合算して受給する方法を「全部繰上げ」といいます。

　厚生年金加入期間が1年以上で短期間、残りの年金加入期間が国民年金の第1号被保険者および第3号被保険者期間の人におすすめしたい受給方法です。20歳から60歳の前月までの厚生年金加入期間（国民年金の第2号被保険者期間）と国民年金の第1号被保険者期間および第3号被保険者期間が65歳からの老齢基礎年金額の計算の基礎となります。

　厚生年金加入期間が1年以上あれば、60歳から報酬比例部分を受給することは可能です。ただし、加入期間が短期の場合は報酬比例部分の年金額は少なくなるため、それだけの受給では生活が成り立ちません。そこで、65歳からの老齢基礎年金を本人が希望する年齢で全額繰上げ受給をして、報酬比例部分と合算して受給することで年金額に厚みが出ます（図表30の

Point 全部繰上げは、厚生年金加入期間が1年以上あるものの期間が短期で、国民年金保険料の納付期間が長期の人におすすめの受給方法です。厚生年金加入期間が長期の人には不利ですので注意しましょう。

下図の⑤)。なお、請求手続は60歳から64歳11か月目までできることになっています。

老齢基礎年金の全部繰上げをすると定額部分が支給停止になりますので、厚生年金加入期間が長期の人には不利となります。

図表30　全部繰上げ受給（昭和21年4月15日生まれの男性の例）

【通常受給】

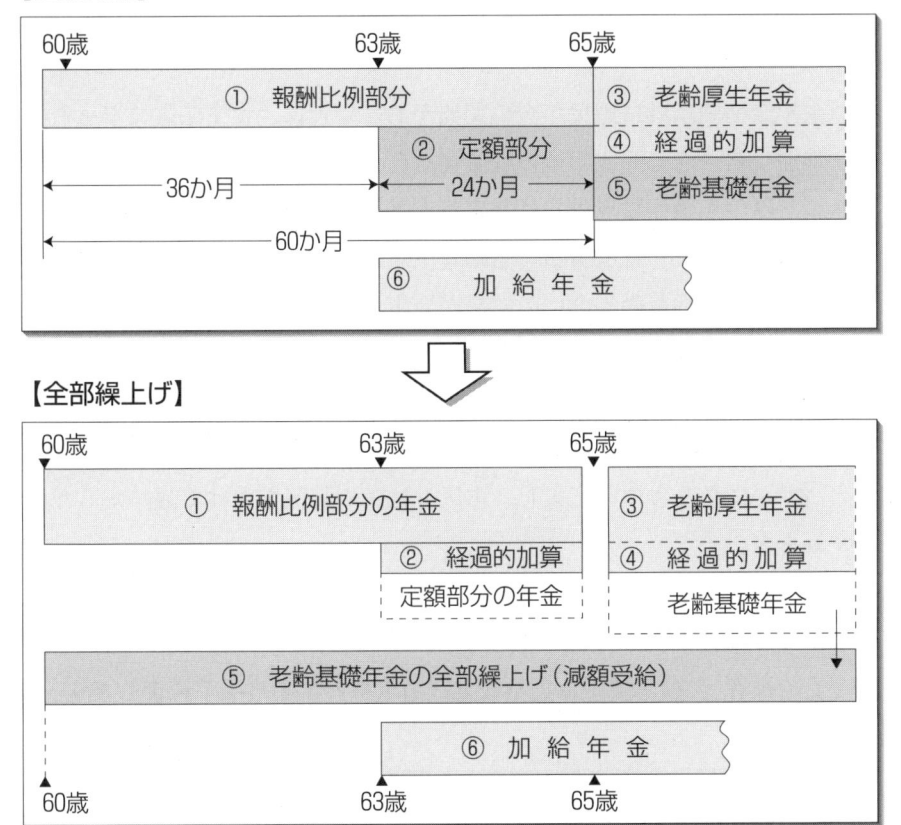

60歳		63歳	65歳	
① 報酬比例部分			③ 老齢厚生年金	
		② 定額部分	④ 経過的加算	
←36か月→		←24か月→	⑤ 老齢基礎年金	
←――――60か月――――→				
		⑥ 加給年金		

【全部繰上げ】

60歳	63歳	65歳	
① 報酬比例部分の年金		③ 老齢厚生年金	
	② 経過的加算	④ 経過的加算	
	定額部分の年金	老齢基礎年金	
⑤ 老齢基礎年金の全部繰上げ（減額受給）			
	⑥ 加給年金		
60歳	63歳	65歳	

31 厚生年金期間と国民年金期間がある場合の年金手続

Q 厚生年金期間以外に国民年金期間がある場合の年金手続はどのように行いますか。

A 厚生年金と国民年金の期間がある場合は、60歳になって厚生年金の受給権が発生したときに、「国民年金・厚生年金保険老齢給付裁定請求書」により同時に手続を行います。これにより、65歳になると国民年金の期間分の年金が増加することになります。

　厚生年金期間以外に国民年金の期間がある場合は、まず60歳になったときに特別支給の老齢厚生年金の受給権が発生しますので、そのときに「国民年金・厚生年金保険老齢給付裁定請求書」により同時に手続きを行います。65歳になると、特別支給の老齢厚生年金の受給権は消滅し、新たに老齢厚生年金と老齢基礎年金の受給権が発生しますが、この老齢基礎年金は国民年金のみの加入期間分を含めた年金額となります。

　65歳時の手続は、65歳到達月の前月の月末（1日生まれの人は前々月末）までに、ハガキ形式の裁定請求書が社会保険庁から送られてきますので、このハガキに必要事項を記入し、市区町村長の証明を受けて返送するだけですみます。

　また、特別支給の老齢厚生年金の受給中に老齢基礎年金の一部を繰り上げてもらう場合や全部を繰り上げてもらう場合は、「特別支給の老齢厚生年金受給権者　老齢基礎年金支給繰上げ請求書」によって手続をします。

Point 厚生年金と国民年金の期間がある場合は、60歳になって特別支給の老齢厚生年金の受給権が発生したときに、同時に手続を行います。

図表31　厚生年金と国民年金がある場合の手続

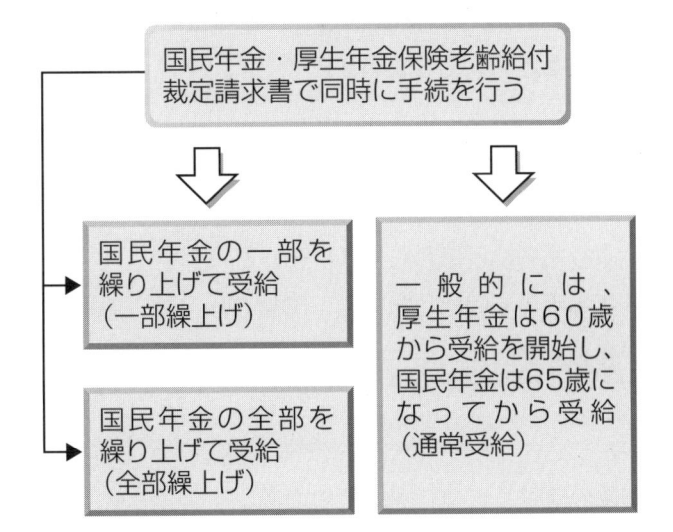

```
          ┌─────────────────────────┐
          │ 国民年金・厚生年金保険老齢給付 │
          │ 裁定請求書で同時に手続を行う   │
          └─────────────────────────┘
               ↓                ↓
  ┌──────────────┐      ┌──────────────┐
  │国民年金の一部を│      │一般的には、    │
  │繰り上げて受給  │      │厚生年金は60歳  │
  │（一部繰上げ）  │      │から受給を開始し、│
  └──────────────┘      │国民年金は65歳に│
                        │なってから受給  │
  ┌──────────────┐      │（通常受給）    │
  │国民年金の全部を│      └──────────────┘
  │繰り上げて受給  │
  │（全部繰上げ）  │
  └──────────────┘
```

31 厚生年金期間と国民年金期間がある場合の年金手続

32　雇用保険受給後の年金請求

Q 雇用保険（基本手当）を受給してから年金を受給するとき、どのようにすると有利でしょうか。

A 特別支給の老齢厚生年金と雇用保険の基本手当は、両方同時に受給することはできません。男性の場合、一般に基本手当のほうが年金よりも多いと思われます。そこで、60歳でリタイアする人は、まず基本手当を受給した後に、60歳6か月の一部繰上げをしたほうが有利です。

　60歳から65歳の前月までの特別支給の老齢厚生年金と雇用保険の基本手当は、両方同時に受給することはできません。男性の場合、60歳以降定額部分が支給されるまでの間は、報酬比例部分のみの年金となりますから、一般に基本手当のほうが金額が多く、基本手当を受給してから特別支給の老齢厚生年金を受給したほうがいいと思われます。そこで、60歳でリタイアする人は、まず基本手当を受給した後に、60歳6か月の一部繰上げをしたほうが有利です。

　たとえば、昭和20年4月2日～昭和22年4月1日の間に生まれた人の場合で考えてみると、在職20年以上であれば基本手当の受給日数は約5か月（150日）ですが、7日の待期期間を含めると、60歳と6か月で基本手当の受給が終了します。そこで60歳6か月で一部繰上げ請求をしたときの年金額は、報酬比例部分の年金＋定額部分の調整額（定額部分×24／54）＋老齢

Point 厚生保険の基本手当と特別支給の老齢厚生年金は同時に受給できないので、まず基本手当を受給した後に年金を受給するほうが有利です。

基礎年金の一部繰上げ額（老齢基礎年金×30／54×73％）となります。

図表32　雇用保険（基本手当）受給後の年金の有利な受給方法

- 60歳から65歳の前月までは雇用保険の基本手当と特別支給の老齢厚生年金の両方は受給できない

⬇

- 男性は一般的には基本手当のほうが金額が多いので、基本手当を受給してから特別支給の老齢厚生年金を受給したほうがいい

⬇

- 60歳でリタイアする人は60歳7か月の一部繰上げをしたほうが有利である

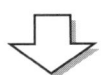

⬇

○60歳6か月の一部繰上げ（昭和20年4月2日～昭和22年4月1日生まれの人）

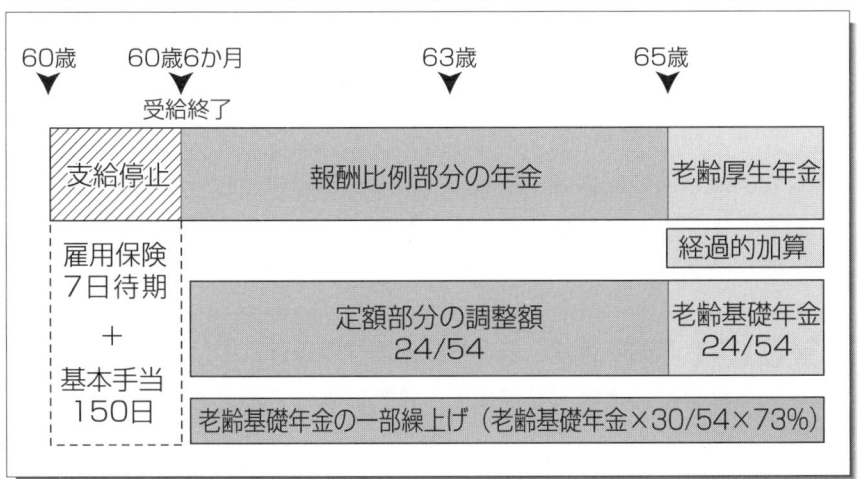

	60歳6か月～63歳	63歳～65歳	65歳～
60歳～60歳6か月 支給停止／雇用保険7日待期＋基本手当150日	報酬比例部分の年金		老齢厚生年金
			経過的加算
	定額部分の調整額 24/54		老齢基礎年金 24/54
	老齢基礎年金の一部繰上げ（老齢基礎年金×30/54×73％）		

受給終了（60歳6か月時点）

32　雇用保険受給後の年金請求　85

年金の有利な受給方法

33 加給年金の受給要件

Q 加給年金を受給できる人の条件について教えてください。

A 厚生年金保険または共済組合の被保険者期間が20年以上あるか、もしくは、中高齢期間短縮の特例15年〜19年に該当している人に、生計維持関係にある65歳未満の配偶者または一定の要件に該当する子がいること、が要件となります。

加給年金を受給できる要件は、次のとおりです。
① 厚生年金または共済組合の被保険者期間が20年（中高齢期間短縮の特例15年〜19年）以上あること
② 特別支給の老齢厚生年金の受給権を取得した当時、生計を維持していた65歳未満の配偶者、18歳に達する日以後の最初の年度末までの間にある子、または障害等級1級もしくは2級の障害にある20歳未満の

Point 加給年金は、各人の加入歴や諸条件により、自動的に加算される場合や別途届出を提出することにより、加算される場合があります。

子があること

　この要件をさらに細かく説明すると、①の「20年以上」の期間は、単独の制度で見ますので、厚生年金保険と共済組合を通算して20年以上あっても該当しません。「20年以上」には、中高齢の特例による期間短縮（15年〜19年）の場合も含まれます。

　②の「生計維持」とは、加給年金の加算対象となる配偶者との生計維持関係を見る場合、特別支給の老齢厚生年金の受給権発生当時の前年の年収が850万円未満であること、となりますが、前年の収入が850万円以上であっても、おおむね5年以内に定年退職等で収入が850万円未満になることが証明できれば、生計維持関係があると認められます。

　報酬比例部分の年金の受給者は、定額部分の支給開始年齢に達した時点から加給年金の加算が行われます。加給年金の加算対象配偶者の認定は、①老齢厚生年金の裁定時（60歳）に生計維持の認定が行われ、②本来の定額部分の支給開始年齢に達した時点で再度裁定時以降の生計維持の審査が行われます。①の時点で、婚姻していなかった、または年収が850万円を超えていたとしても、②の時点で、婚姻した、または年収が減少した場合、加給年金が加算されます。逆に①の時点で、要件を満たしていても、②の時点で要件を満たさない場合は、加給年金は加算されません。

図表33　加給年金対象者の生計維持認定の時期

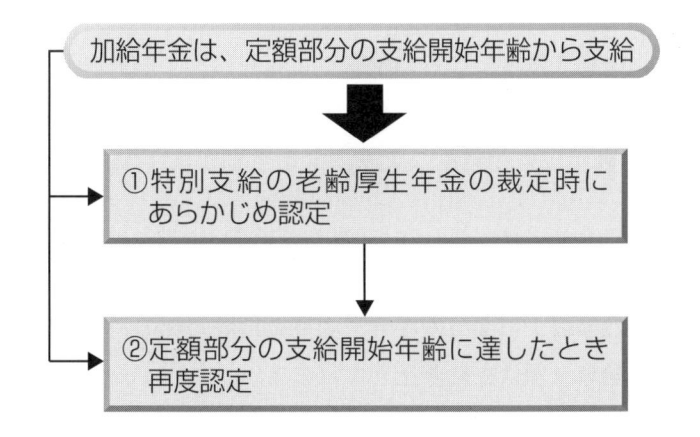

```
┌─────────────────────────────────────┐
│  加給年金は、定額部分の支給開始年齢から支給  │
└─────────────────────────────────────┘
                    ↓
┌─────────────────────────────────────┐
│  ①特別支給の老齢厚生年金の裁定時に          │
│    あらかじめ認定                          │
└─────────────────────────────────────┘

┌─────────────────────────────────────┐
│  ②定額部分の支給開始年齢に達したとき        │
│    再度認定                                │
└─────────────────────────────────────┘
```

34 加給年金の停止

Q 夫婦そろって年金に加入することで加給年金が停止されることがありますか。

A 夫婦がともに厚生年金または共済組合に20年以上、または中高齢期間短縮の特例で15年～19年になった場合、加給年金が支給停止となります。支給対象配偶者が受給権を取得した時点で支給停止となりますが、どちらかの老齢厚生年金等が全額支給停止になった場合、加算されることがあります。

配偶者の加給年金は、加算対象となる配偶者が次の給付を受けるときに停止となります。

① 被保険者期間が20年（中高齢期間短縮の特例15年～19年）以上の老齢厚生年金、または組合期間が20年以上の退職共済年金を受けるとき
② 障害厚生年金、障害共済年金または障害基礎年金を受けるとき
③ 旧厚生年金（旧船員保険を含む）の老齢年金、旧共済組合の退職年金を受けるとき
④ 旧制度の障害年金を受けるとき

たとえば、夫婦共働きでともに厚生年金保険に20年以上加入した場合、配偶者が受給権を取得した時点で加給年金は支給停止となります。また夫（妻）が在職老齢年金の仕組みにより、全額老齢厚生年金が支給停止とな

> **Point** 配偶者が加給年金の対象となっていても、配偶者の被保険者期間が20年以上になった場合や中高齢期間短縮の特例に該当した場合は、加給年金額は支給停止となります。

った場合は、妻（夫）の老齢厚生年金に加給年金が加算されます。または夫（妻）が失業給付を選択して、老齢厚生年金が全額支給停止となると、妻（夫）の老齢厚生年金に加給年金が加算されます。

図表34　加給年金が支給停止される例

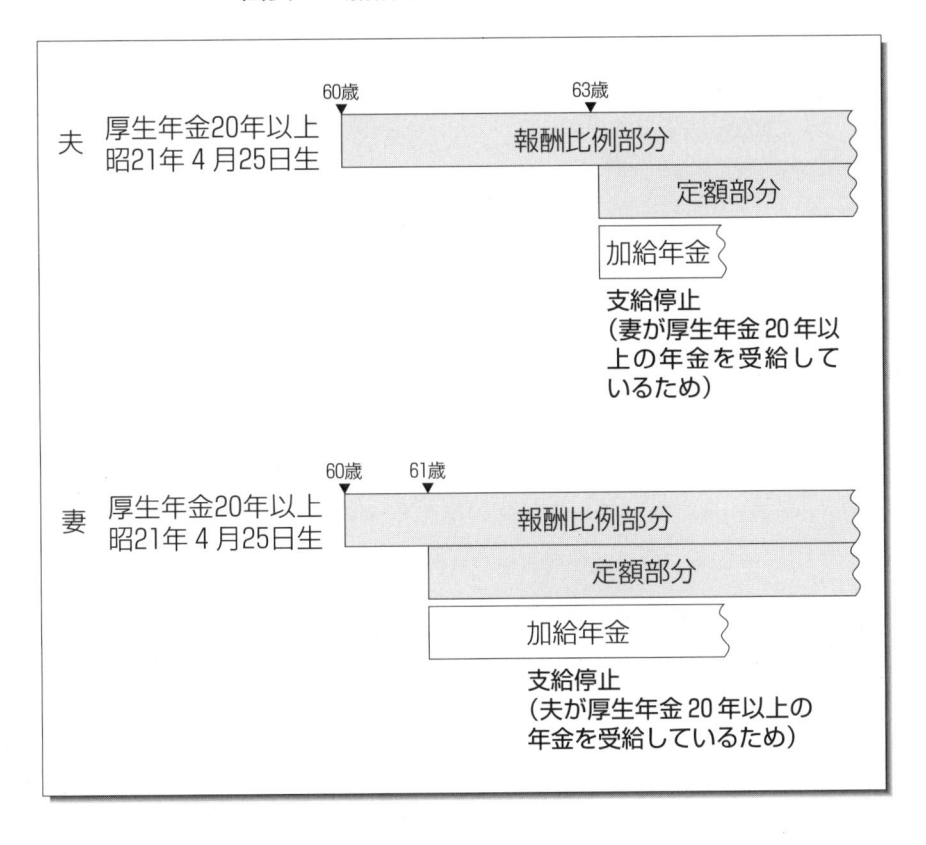

夫　厚生年金20年以上
　　昭21年4月25日生

- 60歳～：報酬比例部分
- 63歳～：定額部分
- 加給年金　支給停止（妻が厚生年金20年以上の年金を受給しているため）

妻　厚生年金20年以上
　　昭21年4月25日生

- 60歳～：報酬比例部分
- 61歳～：定額部分
- 加給年金　支給停止（夫が厚生年金20年以上の年金を受給しているため）

35　加給年金の有利な受給方法

Q 加給年金の受給の仕方で得になるような方法はないものでしょうか。

A 夫婦ともに厚生年金（共済組合）被保険者期間が20年（中高齢期間短縮の特例15年〜19年）以上になると、加給年金が支給停止となってしまいます。どちらか1人が20年以上の被保険者期間になる前に被保険者からはずれて、パートタイマー等として働くのもひとつの方法です。

　配偶者加給年金は、加算対象となる配偶者の被保険者期間が20年（中高齢期間短縮の特例15年〜19年）以上の老齢厚生年金、または組合員期間が20年以上の退職共済年金を受給するときに支給停止となります。したがって、加給年金の支給を受けようとする場合には、たとえば給料の高い夫が厚生年金の被保険者期間を20年以上とし、妻の厚生年金の被保険者期間を20年未満（19年数か月）または35歳以降の厚生年金の被保険者期間を生年月日により15年〜19年（中高齢期間短縮の特例による）とすれば、夫が生年月日により定額部分の支給開始年齢に到達した時点から加給年金の加算が行われます。この加算は妻が65歳になるまで支給されます。この加給年金の支給額は、夫の生年月日により年額22万7,900円から39万6,000円となります。妻が65歳になると失権となり、妻の老齢基礎年金に振替加算として支給されます。この振替加算の支給額は、妻の生年月日により年額22万7,900円から1万5,300円となります。この仕組みから、妻が年下であればあるほ

Point 加給年金は配偶者を扶養するための「おまけの年金」としてとても有利な年金です。上手に受給して活用しましょう。

ど、加給年金額の加算される期間が長くなるわけです。

　また、加給年金の要件の中に配偶者による生計維持があります。これは、配偶者が850万円以上の収入を将来にわたって有する（おおむね5年）と認められる場合は生計維持とは認められません。したがって、加算対象の配偶者が850万円以上の収入がある場合は、これを850万円未満に抑えておく必要があります。定年退職によって850万円未満になる場合は、定年年齢が明記されている就業規則等の写しを添付します。また満期保険金を受け取った場合、定期積立金を解約した場合等で850万円を超えてしまっても、これは一時金としての扱いとなり、「事由書」を添付することにより認められることとなります。

図表35　加給年金の有利な受給方法（夫が年上の場合）

夫は厚生年金被保険者期間20年以上をクリアすること

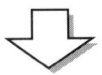

⇩

妻は厚生年金を20年未満にすることまたは、35歳以降生年月日に応じて15年から19年未満にすること

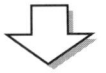

⇩

夫婦の年齢差が大きいほど有利である

⇩

高額所得者の妻の場合は年収850万円未満にしておくとよい

36　内縁関係の加給年金

Q 事実婚であっても加給年金は受給できるのでしょうか。

A 実の配偶者が存在せず、生計維持関係があり、事実上の妻（夫）と認められた場合には、加給年金の対象配偶者となります。ただし、戸籍上の妻（夫）を加給年金の対象配偶者とする場合と異なり、事実上の妻（夫）が対象配偶者として認められるには困難な場合もあり、ケースによっては認められないこともあります。

加給年金を受給するための書類と注意点について説明します。

① 各人の戸籍謄本

　これは重婚か否かを確認するために必要になります。お互いに戸籍上の妻、または夫が存在しないことを証明します。なお、戸籍上の妻または夫がいる場合であっても認められる場合がありますが、その場合は10年以上音信不通の状態であることについて申立てをできるようなケースです。ただし、数年に1〜2回は会っているといった事実があれば申立ては却下されます。また、戸籍上の妻または夫へ必ず提出先の社会保険事務所から事実確認の問合せがいきます。将来、自分自身が受給できるであろう「遺族年金」「振替加算」の権利まで放棄してしまうことになるので、現在、妻または夫と「音信不通である」「婚姻関係が破綻している」などについて認める人は少ないようです。

Point 加給年金を受給することによって、振替加算や遺族年金にもかかわってきますので、できるだけ年金の受給権発生前に入籍したほうが安心です。

② 住民票

　市区町村によっては住民票に「内縁関係」であると明記してくれるところもあるので、市区町村の窓口で問い合わせてみてください。この明記がない場合には、単なる「同居人」という扱いになってしまいます。住民票への明記が困難な場合、住所地の民生委員、町内会長、大家さんなどに証明書を書いてもらうことになります。なお、住所地の民生委員は市区町村の窓口で教えてもらえます。連名で届いた手紙や招待状等を添えて証明書を出してもらうようにしてください。

③ 所得証明書または非課税証明書

　これで生計維持関係を確認します。他にも証明書類を求められることがあります。

図表36　内縁関係の加給年金

```
┌─────────────────────────┐
│ 事実婚で加給年金はもらえるか │
└─────────────────────────┘
            ↓
┌─────────────────────────────┐
│ 生計維持関係があり事実上の妻・夫と │
│ 変わりないときは該当する          │
└─────────────────────────────┘
            ↓
┌─────────────────────────────┐
│ 事実婚であることの証明は難しく受給 │
│ できない場合もある               │
└─────────────────────────────┘
            ↓
┌─────────────────────────────┐
│ できれば年金の受給権が発生する前に │
│ 入籍をしておくこと               │
└─────────────────────────────┘
```

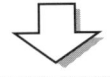

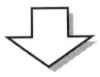

37 在職老齢年金に該当せずに年金を受給する方法

Q 在職老齢年金に該当せずに年金を受給する方法はありますか。

A 60歳以降、厚生年金または共済組合の被保険者として一定の給料を得て働いた場合、支給される年金が調整されることがあります。ただし、パート等で働いたときや自営業の場合は、所得が高額となっても在職老齢年金に該当することはありません。

在職老齢年金による支給停止に該当しない場合とは、

① 厚生年金等の被保険者として働き、総報酬月額相当額と受け取る年金月額との合計額が28万円（65歳以降は48万円）を超えないときは在職老齢年金による支給停止に該当しません。

② パートタイマーやアルバイトとして、勤務日数または、勤務時間のいずれかを正社員の4分の3未満にして働けば、被保険者になることはありません。したがって在職老齢年金に該当しません。

③ 厚生年金の適用事業所以外の商店や個人経営の事務所等なら、フルタイムで働いても厚生年金の被保険者とならないので在職老齢年金に該当しません。

④ 自営業なら、厚生年金の被保険者ではないので、在職老齢年金に該当しません。

なお、①の総報酬月額相当額とは、在職老齢年金の対象月以前1年間の

Point 在職老齢年金は加給年金を除いて計算します。また、65歳以降に支給される老齢基礎年金は在職老齢年金の対象にならないので100％支給されます。

標準賞与額を12で除して、標準賞与額の1か月の平均額を出し、その月の標準報酬月額と合計した額です。

図表37-1　在職老齢年金

在職老齢年金の該当者は

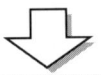

↓

60歳以上で厚生年金に加入しており、特別支給の老齢厚生年金の受給権がある人が対象

↓

受給できる年金額は、現在の税込月収、前1年間の賞与等によって決まる

図表37-2　在職老齢年金の計算式

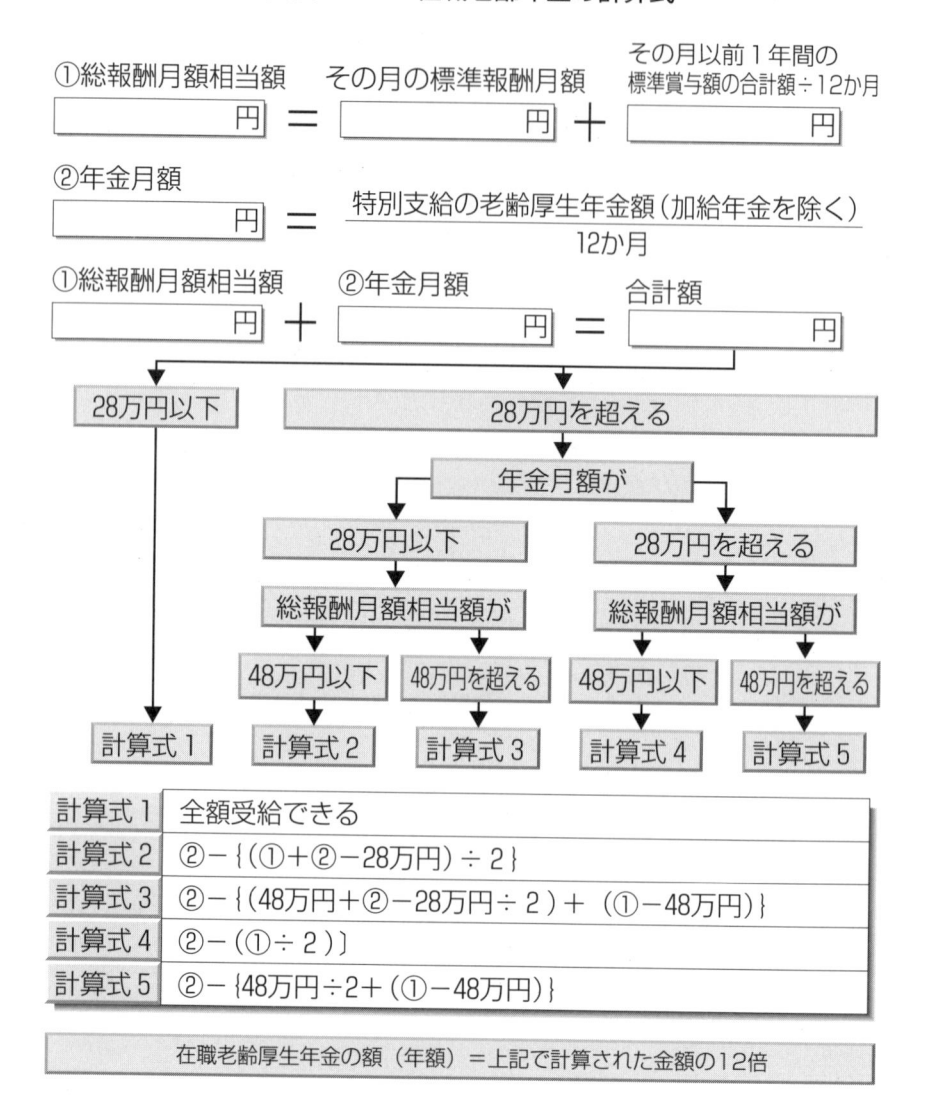

①総報酬月額相当額　　その月の標準報酬月額　　その月以前1年間の標準賞与額の合計額÷12か月

[　　　円　] ＝ [　　　円　] ＋ [　　　円　]

②年金月額

[　　　円　] ＝ 特別支給の老齢厚生年金額（加給年金を除く）／12か月

①総報酬月額相当額　＋　②年金月額　＝　合計額

[　　　円　] ＋ [　　　円　] ＝ [　　　円　]

- 28万円以下 → 計算式1
- 28万円を超える
  - 年金月額が
    - 28万円以下
      - 総報酬月額相当額が
        - 48万円以下 → 計算式2
        - 48万円を超える → 計算式3
    - 28万円を超える
      - 総報酬月額相当額が
        - 48万円以下 → 計算式4
        - 48万円を超える → 計算式5

計算式1	全額受給できる
計算式2	②−{（①＋②−28万円）÷2}
計算式3	②−{（48万円＋②−28万円÷2）＋（①−48万円）}
計算式4	②−（①÷2）]
計算式5	②−{48万円÷2＋（①−48万円）}

在職老齢厚生年金の額（年額）＝上記で計算された金額の12倍

図表37-3　在職老齢年早見表

(単位：千円)

年金月額→	50	80	100	120	140	160	180	200	220	240
98,000円	50	80	100	120	140	160	180	191	201	211
126,000円	50	80	100	120	140	157	167	177	187	197
160,000円	50	80	100	120	130	140	150	160	170	180
200,000円	50	80	90	100	110	120	130	140	150	160
240,000円	45	60	70	80	90	100	110	120	130	140
260,000円	35	50	60	70	80	90	100	110	120	130
280,000円	25	40	50	60	70	80	90	100	110	120
300,000円	15	30	40	50	60	70	80	90	100	110
320,000円	5	20	30	40	50	60	70	80	90	100
340,000円	—	10	20	30	40	50	60	70	80	90
360,000円	—	—	10	20	30	40	50	60	70	80
380,000円	—	—	—	10	20	30	40	50	60	70
410,000円	—	—	—	—	5	15	25	35	45	55
440,000円	—	—	—	—	—	—	10	20	30	40
470,000円	—	—	—	—	—	—	—	5	15	25
500,000円	—	—	—	—	—	—	—	—	—	—

※総報酬月額相当額

注１　報酬比例部分受給時は10万円を、満額受給開始年齢時には16万円を見る
　２　毎月の収入合計は給与月額＋在職年金額（上記の年金月額は加給年金を含まない）
　３　厚生年金（60歳まで）→共済年金（60歳以降）という再就職の場合は月収にかかわらず特別支給の老齢厚生年金が全額受給可能
　　［例］昭和21年４月３日生まれの人で年金月額16万円（定額部分が６万円、報酬比例部分が10万円で加給年金は含まれない）で、再就職の税込月収とその月以前の１年間の標準賞与額の合計額を12月で割った額の合計が20万円で通常支給の場合は次のようになる

　　　　　　　年金月額　　　　　　加給年金月額　　　　総報酬月額相当額　　合　計
60歳〜　90,000円　＋　　　　　　　　　　　　０円　＋　200,000円　＝　290,000円
63歳〜　120,000円　＋　396,000円　÷　12月　＝　33,000円　＋　200,000円　＝　353,000円

37 在職老齢年金に該当せずに年金を受給する方法

38 第3号被保険者の年金

Q 第3号被保険者期間しかない配偶者の国民年金（老齢基礎年金）は満額支給できるのでしょうか。

A 第3号被保険者制度は、昭和61年4月から発足しました。昭和61年4月前は、第2号被保険者の被扶養配偶者は任意適用でしたから、その間に任意加入していなかった人は満額受給できません。
第3号被保険者期間のみの人の年金は、受給資格要件の加入期間や受取年金額を早めに調べておくことが、これからの老後においては大切なことです。

　第3号被保険者とは、第2号被保険者の配偶者であって主として第2号被保険者の収入により生計を維持するもの（被扶養配偶者といいます）のうち20歳以上60歳未満の人をいいます。
　第3号被保険者制度は、昭和61年4月から発足しました。それ以前の昭和36年4月から昭和61年3月までは、第2号被保険者の配偶者は任意適用であり、保険料を納付しても・しなくてもよいことになっていました。
　現在、第3号被保険者期間のみの加入歴だけでは、国民年金の受給資格要件である納付済期間25年以上は満たせません。そこで結婚した年月日から昭和61年3月までの任意期間や、厚生年金・各共済組合に加入していた期間、保険料免除を受けていた期間、第1号被保険者として保険料を納付していた期間を通算して25年を満たすようにしています。
　任意適用期間に保険料を納付していない場合は年金額に反映されません

Point 第3号被保険者期間のみの加入歴の人は、受け取る年金も少ないので、老後の生活費等を早くから準備することが大切です。

ので、受給する年金は少額となります。

図表38　第3号被保険者の年金

国民年金の第3号被保険者期間

⇩

昭和61年4月1日からできた

⇩

厚生年金や共済年金に加入している人は国民年金の第2号被保険者になっておりその被扶養配偶者が第3号被保険者

⇩

第3号被保険者のみの人は、加入期間が約20年であり、受けとる年金が少ない

39　国民年金（老齢基礎年金）の繰上げ制度の注意点

Q 国民年金の繰上げ制度を使うときに、最も注意すべき点は何ですか。

A 繰上げ制度を使うと、年金を早く受給できるというメリットがありますが、一生涯一定額が減額されるほか、障害者や寡婦になった場合、障害基礎年金や寡婦年金が支給されないなどのデメリットがありますので、注意が必要です。

繰上げ請求できるのは、老齢基礎年金の受給資格を満たしている60歳以上65歳未満の人（任意加入被保険者を除く）で、社会保険庁長官に対し、繰上げの請求をすることができます。

繰上げ請求する際の注意点は以下のとおりです。

① 一生減額されたままです。
② さかのぼって支給されません。繰上げ受給は、請求した日の属する月の翌月分から支給されます。
③ 障害基礎年金の障害等級に該当する障害になっても、原則として障害基礎年金は受けられません。
④ 請求後、取消しができません。
⑤ 寡婦年金の受給権は消滅します。
⑥ 国民年金に任意加入することができません。

Point 繰上げ請求をすると、取消しがききませんので注意が必要です。

図表39　国民年金（老齢基礎年金）の繰上げ支給と受取総額（累計額）

> 国民年金の給付である「老齢基礎年金」は、原則65歳から受給できる

⇩

> 60歳から65歳になるまでの間で、本人が希望する時点から老齢基礎年金を受給できる制度

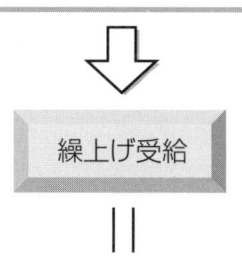

⇩

繰上げ受給

‖

受給開始年齢／到達年齢	60歳 支給率（70%）	61歳 支給率（76%）	62歳 支給率（82%）	63歳 支給率（88%）	64歳 支給率（94%）	65歳 支給率（100%）
60歳時	554,500					
61歳時	1,109,000	602,000				
62歳時	1,663,500	1,204,000	649,500			
63歳時	2,218,000	1,806,000	1,299,000	697,000		
64歳時	2,772,500	2,408,000	1,948,500	1,394,000	744,600	
65歳時	3,327,000	3,010,000	2,598,000	2,091,000	1,489,200	792,100
66歳時	3,881,500	3,612,000	3,247,500	2,788,000	2,233,800	1,584,200
67歳時	4,436,000	4,214,000	3,897,000	3,485,000	2,978,400	2,376,300
74歳時	8,317,500	8,428,000	8,443,500	8,364,000	8,190,600	7,921,000
75歳時	8,872,000	9,030,000	9,093,000	9,061,000	8,935,200	8,713,100
76歳時	9,426,500	9,632,000	9,742,500	9,758,000	9,679,800	9,505,200
77歳時	9,981,000	10,234,000	10,392,000	10,455,000	10,424,400	10,297,300
78歳時	10,535,500	10,836,000	11,041,500	11,152,000	11,169,000	11,089,400
79歳時	11,090,000	11,438,000	11,691,000	11,849,000	11,913,600	11,861,500
80歳時	11,644,500	12,040,000	12,340,500	12,546,000	12,658,200	12,673,600

この線より長生きすれば65歳から受給したほうが受給総額が多くなる（請求は月単位）

注1　繰上げ請求をすると、物価スライドを除いて、その時点の受給額は生涯変わりません
注2　昭和16年4月2日以降に生まれの人を想定
注3　本来の年金額を79万2,100円に固定して計算

40　定年後の再就職等による老齢厚生年金への影響

Q 定年後の厚生年金は再就職等によって受給額が変わることがあるのですか。

A 60歳以降、年金をもらいながらパート・アルバイトとして週1～2日程度働く場合や、農業に従事する場合、自分自身で個人事業主となる場合など、在職老齢年金に該当しない限り変わることはありません。

60歳以降のケース別で考えてみましょう。

① 厚生年金に加入していた人が厚生年金に加入した場合

　60歳～64歳までは、受け取る年金月額と総報酬月額相当額の合計額が28万円以下の場合、受け取る年金は減額されません。28万円を超えると受け取る年金が減額されていきます。

　65歳～70歳までは、受け取る年金月額（老齢基礎年金を除く）と総報酬月額相当額の合計額が48万円以下の場合、受け取る年金額は減額されません。48万円を超えると受け取る年金額が減額されていきます。ただし、老齢基礎年金は減額されずに100％支給されます。

② 共済組合に加入していた人が厚生年金に加入した場合

　年金月額と総報酬月額相当額の合計額が48万円以下の場合、受け取る年金額は減額されません。48万円を超えると受け取る年金額が減額されていきます。

③ 60歳以降厚生年金に加入しなければ、年金は減額されません。

Point 60歳以降のライフスタイルによって、受け取る年金が減額される場合があります。65歳以降は減額率がゆるやかになります。

図表40　60歳以降の有利な就職先

> 60歳前は厚生年金で、60歳になったとき継続雇用または再就職等で次のように変わる

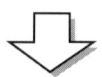

今まで加入していた年金	60歳▼ 再就職等の加入年金等	このようになります！
厚生年金	→ 厚生年金	60歳から65歳になるまで収入制限あり ※S12.4.2.以降生れの方は70歳になるまで制限があります
厚生年金	→ 共済年金	厚生年金全額支給、給料も全額支給（特別支給の老齢厚生年金は収入制限なく受給できます）
厚生年金	→ 厚生年金と共済年金に入っていない会社に入る	厚生年金に加入していないので収入制限なし（特別支給の老齢厚生年金は収入制限なく支給できます）
厚生年金	→ 無職または個人事業主	厚生年金に加入していないので収入制限なし（特別支給の老齢厚生年金は収入制限なく受給できます）

41 在職老齢年金を制限されることなく受給する方法

Q 定年退職後に再就職した場合、在職老齢年金を制限されることなく全額受給する方法はありますか。

A 在職老齢年金を制限されることなく受給する方法としては、①厚生年金の適用事業所で働く場合は賃金を下げる、②働く身分を正社員からパート・アルバイトに変えて働く、③再就職先を厚生年金の適用事業所以外の事業所にする、などがあります。

　平成18年4月以降から定年の年齢が引き上げられたり、継続雇用が認められるなど、60歳以降、継続して働く機会が今後増えてきます。したがって年金を減額することなく受給しながら働く方法も選択肢のひとつとして考えてみる必要があります。

　厚生年金の適用事業所で厚生年金の被保険者として働く場合、在職老齢年金に該当しないようにするには賃金を下げることが必要となります。下げる目安は、年金月額と総報酬月額相当額の合計額が28万円を超えないようにします。たとえば、年金月額が15万円、総報酬月額相当額（税込み）が13万円の場合、合計で28万円ですから、年金は減額されません。総報酬月額相当額（税込み）が15万円の場合、合計で30万円となり、28万円を超えます。超えた2万円の2分の1の1万円が年金月額から減額されます。

　また、適用事業所でパート等（社員の4分の3未満の所定労働時間）で働いたり、適用事業所以外の事業所で働いた場合は年金は減額されません。

Point 年金を減額されずに働こうとするには、厚生年金の被保険者にならないか、または被保険者となった場合には、賃金を一定額低下させます。

図表41　在職老齢年金を制限されることなく受給する働き方

```
┌─────────────────────────────┐
│ 平成18年4月から定年を62歳以上 │
│ にするかまたは62歳になるまで継続│
│ 雇用が義務化                 │
└─────────────────────────────┘
              ↓
┌─────────────────────────────┐
│ 60歳から報酬比例部分が支給される│
│ ので、在職老齢年金に該当しないで│
│ 100％受給する方法は           │
└─────────────────────────────┘
              ↓
┌─────────────────────────────┐
│ 厚生年金適用事業所に勤務の場合 │
│ は低賃金にするか、一般従業員の4分│
│ の3未満の労働条件で雇用       │
└─────────────────────────────┘

┌─────────────────────────────┐
│ 厚生年金適用事業所以外の所で   │
│ 再就職                       │
└─────────────────────────────┘
```

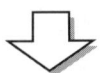

42　厚生年金保険料の納付義務

Q 再就職したときは、わずかな期間でも厚生年金保険料は必ず払わなければいけないのでしょうか。

A 再就職した先が厚生年金適用事業所の場合は、70歳までは強制加入となりますので、保険料を納付する義務があり、厚生年金の被保険者となります。また、フルタイムで働かなくても一定の所定労働時間を超えて働くと強制加入となり、70歳までは厚生年金の被保険者となって保険料を納付する義務があります。

　適用事業所に雇用される70歳未満の人は、パートタイマー等でも、1日または1週間の所定労働時間、および1か月の所定労働日数が、同じ事業所において同じ仕事をしている一般従業員の4分の3以上であれば、強制加入となり、保険料を納付する義務があります。

　適用事業所とは、以下のような職場です。
① 法人の事業所または事務所で、常時従業員を使用するもの
② 個人の事業所で常時5人以上の従業員を使用するもの。ただし農林水産業等の第一次産業や飲食業などのサービス業を除く

　適用事業所以外の事業所で、厚生年金に任意加入していない場合は、どのような雇用形態で働いても厚生年金の被保険者にはなりません。60歳以降年金を受給しながら厚生年金に加入して働くと、在職老齢年金の適用を

Point 60歳以降納付した保険料は、退職時や65歳または70歳時に再計算されて、受取年金額に反映されます。掛けすてにはなりません。

受けて減額される場合もあります。60歳以降納付した保険料は、退職時や65歳または70歳時に再計算されて年金額に反映されます。

図表42　再就職後の働き方と保険料納付義務

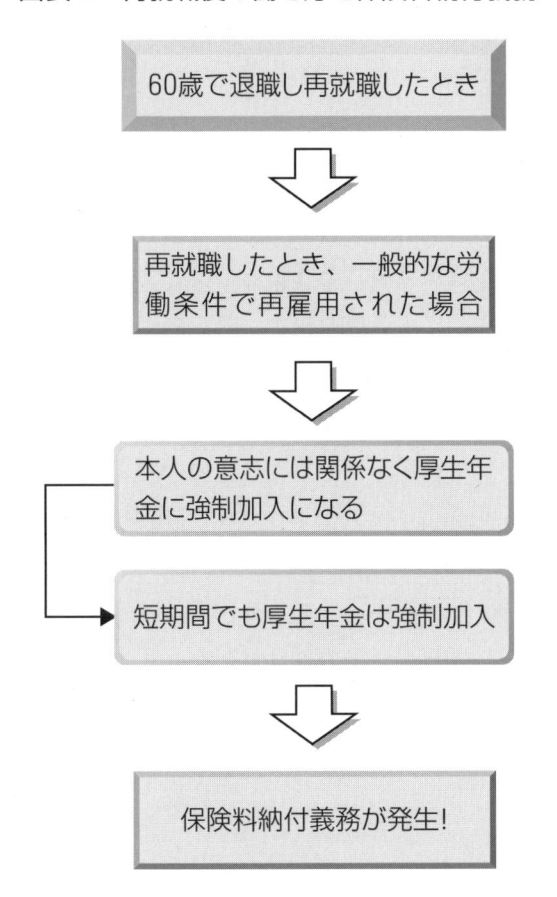

```
┌─────────────────────────┐
│   60歳で退職し再就職したとき    │
└─────────────────────────┘
            ↓
┌─────────────────────────┐
│ 再就職したとき、一般的な労      │
│ 働条件で再雇用された場合       │
└─────────────────────────┘
            ↓
┌─────────────────────────┐
│ 本人の意志には関係なく厚生年    │
│ 金に強制加入になる            │
└─────────────────────────┘
┌─────────────────────────┐
│ 短期間でも厚生年金は強制加入    │
└─────────────────────────┘
            ↓
┌─────────────────────────┐
│   保険料納付義務が発生！      │
└─────────────────────────┘
```

42 厚生年金保険料の納付義務

43　60歳以降の厚生年金期間の反映時期

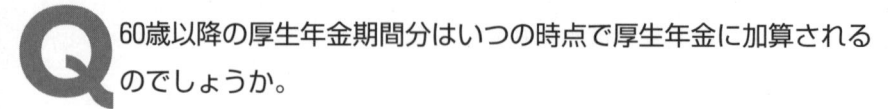

Q 60歳以降の厚生年金期間分はいつの時点で厚生年金に加算されるのでしょうか。

A 60歳以降厚生年金に加入した期間の保険料が年金額に反映されるのは、退職して1か月経過後、65歳時または70歳時となります。

　60歳で特別支給の老齢厚生年金を受給しながら62歳まで継続雇用期間満了によりいったん退職し、また再雇用された場合、60歳から62歳になるまでの2年分の厚生年金保険料はどうなるのでしょうか。

　ポイントは期間満了による離職後1か月を経過しないで再雇用された場合は、図表43－1のとおり、60歳から62歳までかけた厚生年金保険料分は62歳以降の年金額には反映されないということです。つまり、離職後1か月以上経過しないと年金額が再計算されないのです。

　62歳でいったん退職し、1か月以上あけて再雇用（厚生年金加入）された場合は、62歳まで厚生年金保険料をかけたとして年金額が決定されます。その後は、65歳時に年金額が再計算され、老齢厚生年金と老齢基礎年金に分けて支給され、70歳時が最後の再計算となります（図表43－2）。

> **Point** 厚生年金保険料が年金に反映されるのは60歳、65歳、70歳時、退職後1か月経過後、と覚えてください。

図表43-1　60歳以降の厚生年金の反映（年金額に反映されない場合）

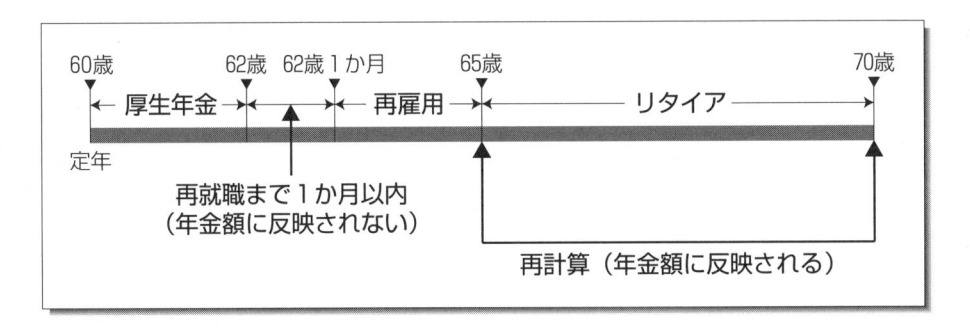

```
60歳      62歳 62歳1か月  65歳                        70歳
├─厚生年金─┤├──再雇用──┤├────リタイア────┤
定年         ▲              ▲                        ▲
         再就職まで1か月以内
         （年金額に反映されない）
                            └─再計算（年金額に反映される）
```

図表43-2　60歳以降の厚生年金の反映（年金額に反映される場合）

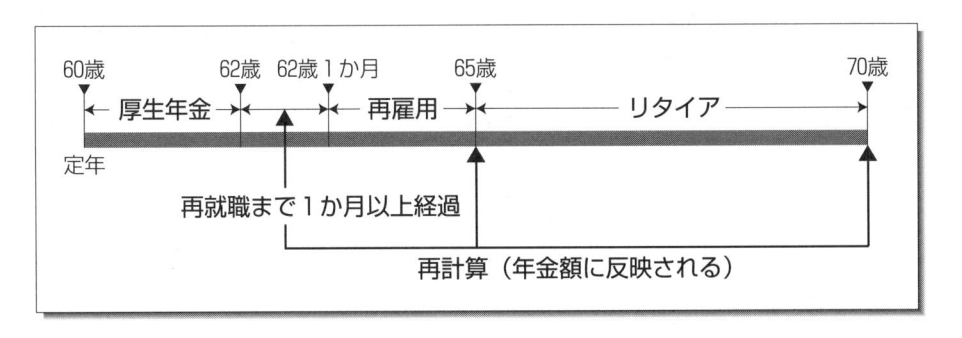

```
60歳      62歳 62歳1か月  65歳                        70歳
├─厚生年金─┤├──再雇用──┤├────リタイア────┤
定年         ▲              ▲                        ▲
         再就職まで1か月以上経過
              └─再計算（年金額に反映される）
```

44　再就職時の厚生年金

Q 60歳以上の定年で退職し、再び就職するときの老齢厚生年金について教えてください。

A 60歳以上の定年で退職した場合、60歳以降に加入した厚生年金は、退職して1か月経過後に再計算されます。したがって、再び就職するときは、1か月以上あけるほうが有利となります。

　図表44のように60歳まで厚生年金に加入し、かつ定年が2年後の62歳という場合、年金額は62歳までかけた保険料分が年金額に反映されます。しかし、62歳で定年退職後に1か月以内に再就職した場合は、厚生年金額は再計算されず、60歳時での年金額を基礎に在職老齢年金が計算されます(詳しくはQ33を参照)。この場合のポイントは、60歳以降の再就職は、前職を退職してから1か月以上時間をあけるかどうかということです。

　62歳以降に在職老齢年金を受給する際、60歳時(60歳の前月までの期間)の年金額を基礎に年金を受給するのと、62歳時(62歳の前月までの期間)の年金額を基礎に年金を受給するのでは年金額に差が出てきます。できるなら、62歳で定年後、同じ会社に再雇用される場合以外は、新しい転職先には1か月以上は時間をあけて再就職するのが望ましいでしょう。

　62歳で定年退職ならば、2〜3か月のんびりと求職活動をして、かつ失業給付を受給しながら、新しい再就職先を探すくらいの余裕が大事です。

Point 60歳以降の再就職は、1か月以上あけてというのは、再就職先に厚生年金保険がある場合に有効で、それがないときは関係ありません。

図表44　定年後の再就職にあたってのポイント

> 62歳定年で退職し、他の会社に再就職する場合

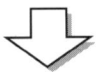

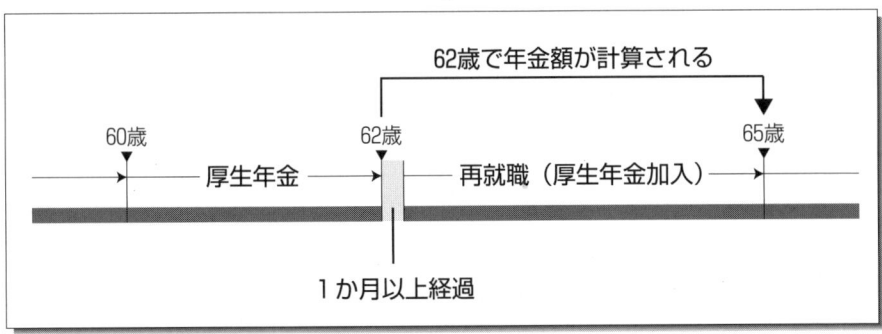

⬇

```
                        62歳で年金額が計算される
   60歳            62歳                           65歳
    ▼              ▼                              ▼
    ├──厚生年金──┤ ├──再就職（厚生年金加入）──┤
                   │
                 1か月以上経過
```

⬇

> 定年退職後は最低でも1か月以上経過してからの再就職が有利

44　再就職時の厚生年金

45　60歳で定年退職したときの選択

Q 仮に60歳で定年退職したとしても、しばらくは厚生年金を満額受給できない期間がありますが、どうしたらよいでしょうか。

A 現在、年金の受給開始年齢が段階的に引き上げられており、60歳定年で退職した場合、しばらくは年金の少ない期間が続きます。対策としては、満額受給できるまで働くか、それができないときは、一部繰り上げて受給する方法が考えられます。

　現在特別支給の老齢厚生年金（一部分）の支給開始年齢が段階的に引き上げられており、実際に60歳から受給できる年金額は従来よりも4～5割程カットされています。厚生年金に40年ほど加入した人でも、月額10万～12万円位の年金月額しか受給できないのです。この額だけでは夫妻2人の生活費をまかなうことは難しく、働くことを希望する人が増えています。

　こういった背景のもと、平成18年4月から、高年齢労働者の雇用の確保措置が義務づけられ、①定年年齢の引上げ、②継続雇用制度の導入、③定年制の廃止の3つのうち、いずれかひとつを選択しなければならなくなりました。ほとんどの企業は②の個別の継続雇用制度を導入することとなるでしょう。これにより、特別支給の老齢厚生年金を満額受給できるまで会社に勤めやすい環境になりつつあります。また、60歳でリタイアしても、60歳から少しでも年金を多く受給したい人のために、老齢基礎年金の一部繰上げ請求ができます。

Point 厚生年金が満額支給されるまでの間は継続雇用で、60歳でリタイアの場合は老齢基礎年金の一部繰上げ受給をして、有利に年金を受給しましょう。

図表45　60歳以降の選択

平成18年4月から定額支給開始年齢まで雇用が義務づけられた

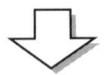

⬇

[例] 昭和21年4月20日生まれの男性（通常受給）の場合

60歳	63歳	65歳	
報酬比例部分		老齢厚生年金	
	定額部分	経過的加算	
		老齢基礎年金	
├─継続雇用─┤	加給年金		

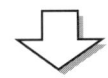

⬇　年金の一部を繰り上げて受給

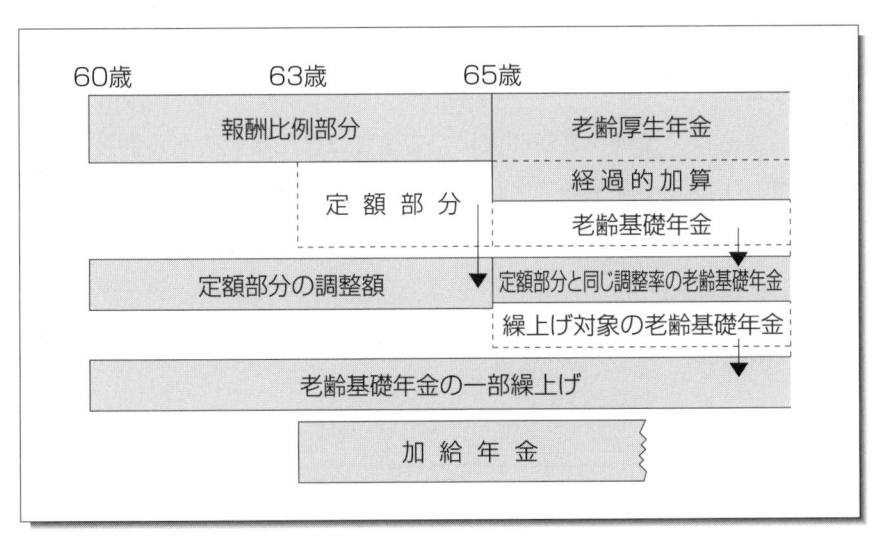

60歳	63歳	65歳	
報酬比例部分		老齢厚生年金	
	定額部分	経過的加算	
		老齢基礎年金	
定額部分の調整額	▼	定額部分と同じ調整率の老齢基礎年金	
		繰上げ対象の老齢基礎年金	
老齢基礎年金の一部繰上げ			
	加給年金		

45　60歳で定年退職したときの選択　113

46　再就職は妻が60歳になるまでにしたほうが有利か

Q 定年退職しても、専業主婦である妻が60歳になるまでは再就職すべきでしょうか。

A 夫が厚生年金に加入していて妻が専業主婦の場合、妻が60歳未満であれば、国民年金の第3号被保険者で保険料は免除され、かつ健康保険の被扶養者にもなれます。この点から、夫が60歳をすぎても、妻が60歳になるまでは、再就職して、厚生年金に加入するほうが有利といえます。

　たとえば夫が62歳で定年退職したときに妻が58歳であれば、夫が再就職しない場合、妻は60歳になるまで国民年金に加入し、第3号被保険者から第1号被保険者になるための手続をしなければなりません。つまり、今度は自分で国民年金保険料を支払わないといけないわけです。

　また、夫が失業給付を受給後に再就職先を見つけた場合は、妻が60歳未満であれば、第3号被保険者になることができます。手続は事業主を通して行います。

　できるならば、夫は、妻が60歳になるまでは厚生年金のある会社で勤務すべきでしょう。そうすることによって妻は60歳になるまで無料で国民年金に加入できます。

Point 夫が65歳以降に厚生年金に加入して、受給資格期間を満たしている時は、妻は60歳未満でも第3号被保険者になれません。

図表46　第3号被保険者制度の活用

```
┌─────────────────────────────────┐
│ たとえば夫は定年（62歳）で退職し、│
│ そのときに妻は58歳（妻は専業主婦）│
└─────────────────────────────────┘
                ↓
┌─────────────────────────────────┐
│ 失業給付をもらってリタイヤした場合、│
│ この間、妻は国民年金の第1号被被験 │
│ 者で国民年金保険料を支払う         │
└─────────────────────────────────┘
                ↓
┌─────────────────────────────────┐
│ 妻が60歳になるまで、夫は再就職    │
│ し厚生年金に加入すれば、再び妻は  │
│ 第3号被保険者になる               │
└─────────────────────────────────┘

┌─────────────────────────────────┐
│ ただし、夫婦の年齢差が5歳以上離れて│
│ いる場合、夫は65歳以上で勤務し、厚生│
│ 年金に加入していても通常第2号被保険│
│ 者にならないので、妻は第3号被保険者│
│ になれない                        │
└─────────────────────────────────┘
```

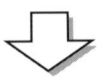

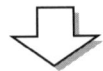

46　再就職は妻が60歳になるまでにしたほうが有利か　115

47　厚生年金長期加入特例とは

Q 厚生年金期間が44年以上あると、何か特典があるのですか。

A 厚生年金加入期間が44年以上ある場合は、「長期加入者の特例」が適用され、60歳から報酬比例部分と定額部分と加給年金（対象者がいるとき）を合わせて受給することができます。ただし、厚生年金の被保険者でないことが条件です。

　特別支給の老齢厚生年金の支給開始年齢は現在段階的に引き上げられています。たとえば昭和21年4月20日生まれの男性の場合は、通常は60歳から報酬比例部分のみの年金が支給され、63歳になってから報酬比例部分と定額部分と加給年金が支給されますが、厚生年金加入期間が44年以上あれば、60歳から報酬比例部分と定額部分と加給年金を受給することができることになります。

　ただし、この特例が適用されるのは、厚生年金の被保険者でないことが条件となっていますので、退職するか、または被保険者とならないで働く必要があります。

Point 上記の長期特例のほか、障害年金などを受給している方も、申請により、定額部分・加給年金が60歳から受給できます。

図表47　厚生年金長期加入者の有利性

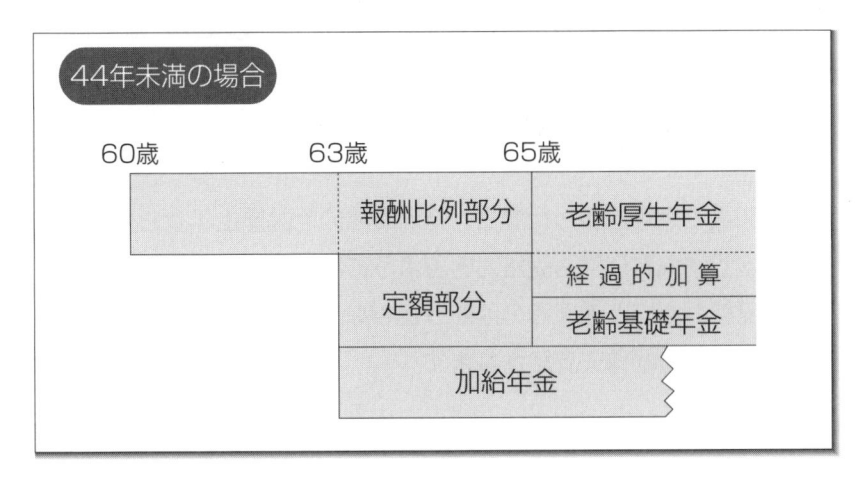

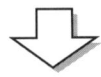

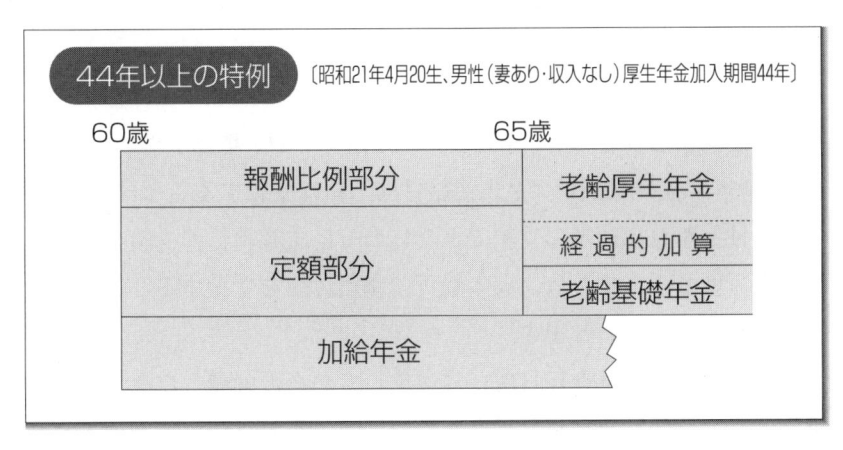

44年未満の場合

60歳	63歳	65歳
	報酬比例部分	老齢厚生年金
	定額部分	経 過 的 加 算
		老齢基礎年金
	加給年金	

⇩

44年以上の特例　〔昭和21年4月20生、男性（妻あり・収入なし）厚生年金加入期間44年〕

60歳	65歳
報酬比例部分	老齢厚生年金
定額部分	経 過 的 加 算
	老齢基礎年金
加給年金	

47 厚生年金長期加入特例とは

48　厚生年金と雇用保険の調整

Q 60歳で定年退職した場合で、厚生年金（特別支給の老齢厚生年金）と雇用保険（基本手当）の両方を受給したいときに、何かいい方法はありますか。

A 60歳で定年退職した場合、特別支給の老齢厚生年金も受給できますし、失業保険も受給できるようになります。そこで、両方とも受給したいと考えるのはもっともなことですが、現実には、原則、失業給付が優先支給されます。

　60歳で定年退職をして、その後に再就職の予定がなければ、通常は失業給付を先に受け取ることになります。その場合、失業給付と特別支給の老齢厚生年金を両方同時に受給できればいいのですが、現実にはどちらか一方しか受給できません。失業給付を受給している間は年金は停止され、失業給付を受給し終えると、年金の停止が解除され、年金が受け取れます。ただし、障害年金や遺族年金と失業給付は一緒に受給することは可能です。

　失業給付と年金は同時に受給できないので、失業給付の受給を早目に終了して、再就職手当または、高年齢再就職給付金を受給することもひとつの選択肢になると思われます。

　図表48は、失業給付を10日間だけ消化してから再就職したケースで、この場合は、支給残日数が45日以上あるので、失業給付の約3割にあたる42日分の再就職手当が受給でき、かつ、高年齢再就職給付金も受給できます。

> **Point** 失業給付と年金は一緒に受給できませんが、失業給付を多く長くもらいたい人は、残日数31日残して職業訓練校に行くという方法もあります。

ただし、これも再就職手当と高年齢再就職給付金はどちらか１つの選択であり、両方は受給できません。所定給付日数をすべて消化してから再就職するよりベターといえるでしょう。

図表48　厚生年金と雇用保険受給の選択

特別支給の老齢厚生年金と雇用保険の基本手当は両方は受給できない

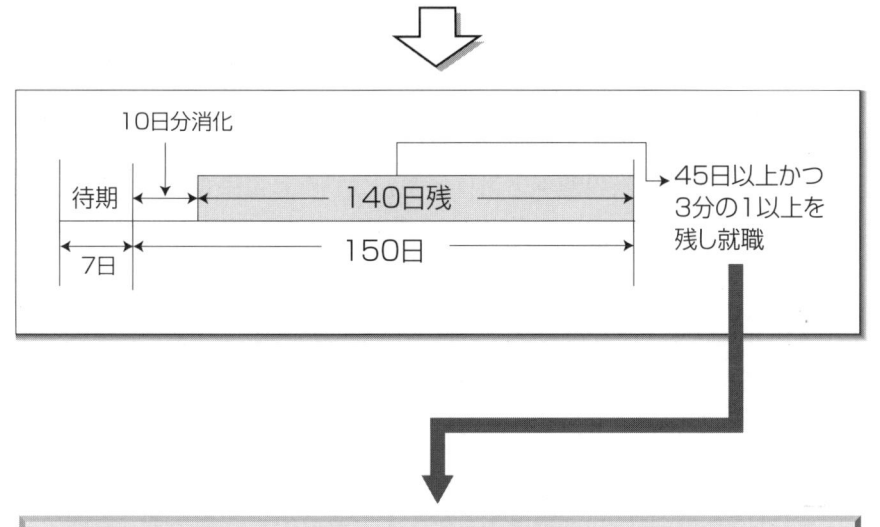

⬇

```
          10日分消化
            ↓
  待期   ┌──────────────────────────┐→ 45日以上かつ
         │       140日残            │   3分の1以上を
  ←7日→ └──────────────────────────┘   残し就職
         ←──────── 150日 ──────────→
```

就職し在職老齢年金を受給しながら再就職手当42日分を受けるか、高年齢再就職給付金最大１年間支給を受けるか選択

49　厚生年金と雇用保険の双方を受給できる時期

Q 厚生年金（老齢厚生年金）と雇用保険（基本手当）はどれくらいの年齢から2つとも受給できるのでしょうか。

A 60歳代前半の特別支給の老齢厚生年金と雇用保険の基本手当は2つとも同時に受給できず、優先的に第1順位が基本手当、第2順位が特別支給の老齢厚生年金という順位になります。しかし、65歳をすぎた後の老齢厚生年金と基本手当は、2つとも同時に受給が可能です。

　60歳から65歳になるまでの間で、会社を退職した場合は、特別支給の老齢厚生年金と雇用保険の基本手当は同時に受け取ることはできません（Q48参照）。また、特別支給の退職共済年金と基本手当も同時に受け取ることはできず、原則、基本手当を受給し終わってから、特別支給の退職共済年金が受給できるようになります。このため、60歳でリタイアした後、年金月額のほうが高く基本手当が低ければ、当然、金額の高いほうの年金を受給したほうが有利です。この場合は、ハローワークへ求職の申込みをしないで、年金だけの手続をすることになります。

　65歳以降については、老齢厚生年金や退職共済年金と基本手当の調整はないので、両方受給することができます。基本手当の受給期間は1年間ですから、たとえば、65歳の誕生日の前々日以前に退職すれば、65歳以降、老齢厚生年金と基本手当を両方受給することができます。

Point 65歳以降に離職して受け取れる雇用保険の高年齢求職者給付金と老齢厚生年金は併給調整はなく、両方100％受給できます。

図表49　年金と雇用保険（基本手当）の併給調整

特別支給の老齢厚生年金と雇用保険の基本手当の両方は受給できない

⇩

第1順位が雇用保険の基本手当
第2順位が特別支給の老齢厚生年金

⇩

ただし老齢厚生年金と雇用保険の基本手当の併給調整は65歳前まで

65歳以上になると老齢厚生年金と雇用保険の基本手当は両方とも受給できる

[Part 4] 雇用保険

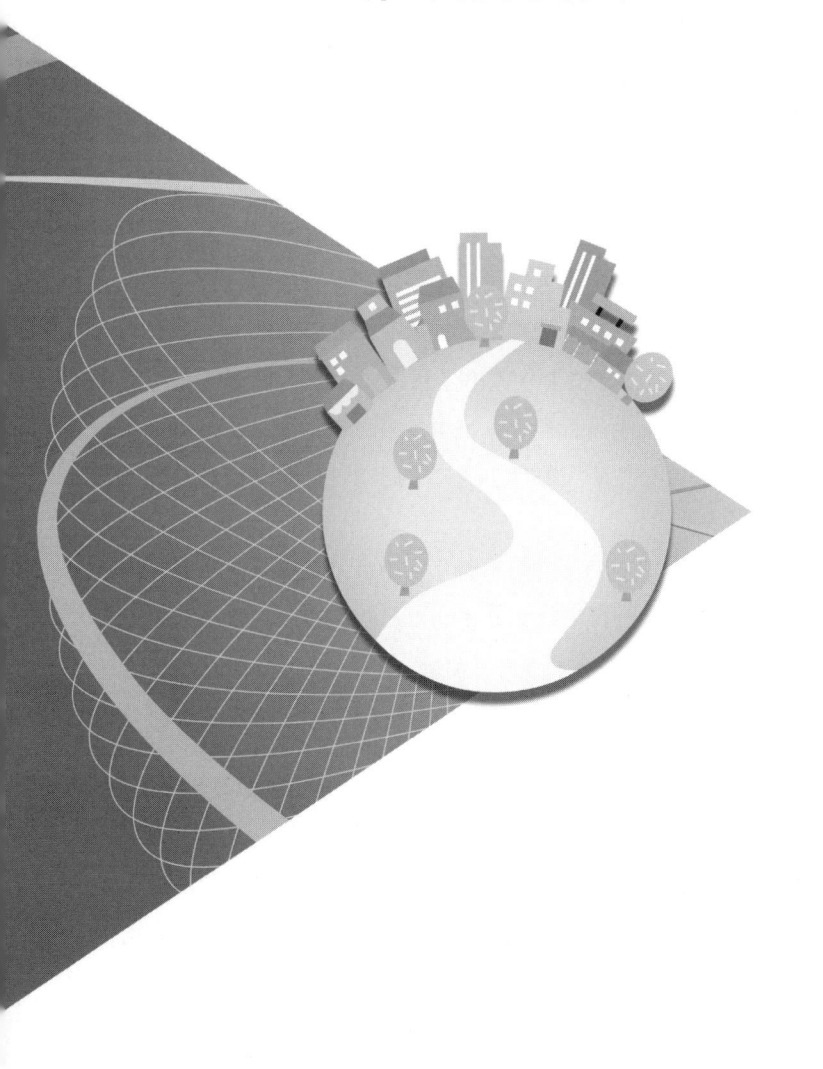

50　基本手当日額はどう決まるのか

Q 基本手当日額はどのようにして決まるのですか。

A 雇用保険の基本手当日額、これがいわゆる失業保険の1日あたりの額で、実際の支給は28日分が月1回支給になります。この基本手当日額の算出方法は図表50のような計算式で算出されます。この基本手当日額には、上限もあれば下限も定められています。

　一般的に失業保険はどれくらいの額を受給できるのか？　という質問で最も重要なことは、それまでいくらの給料で働いてきたか、ということです。失業保険の受給額を算出するには、最初に賃金日額を計算する必要があります。賃金日額は、会社を離職する日以前の6か月間の税込月収を合計して、180日で除することにより算出されます。その賃金日額を図表50の下にあてはめて、基本手当日額を算定するのです。そこで出た金額が1日あたりの失業保険になり、実際は4週に1回28日分が支給されることになります。

　この基本手当日額には上限と下限があり、給料が高ければそれだけ基本手当が受け取れるというわけではありません。たとえば、賃金日額が1万6,000円で60歳になった人の基本手当日額は、上限の6,808円ということになり、これの28日分ですから、6,808円×28日分＝19万624円が1回分の失業保険の金額になります。なお、下限は1,664円です。

Point 高年齢求職者給付金は、雇用保険被保険者期間が1年未満のときは基本手当日額の30日分、1年以上のときは50日分が支給されます。

65歳をすぎた人には基本手当は支給されずに、高年齢求職者給付金（一時金）が支給されることになってます。

図表50　基本手当日額の算定方法

$$賃金日額 = \frac{離職の日からさかのぼって6か月間の賃金総額}{180日}$$

⬇ 基本手当日額の算定

年齢＼賃金日額	2,080円以上4,100円未満	4,100円以上10,640円以下	10,640円超11,870円以下	11,870円超12,790円以下	12,790円超14,200円以下	14,200円超15,130円以下	15,130円超15,620円以下	15,620円超
30歳未満	賃金日額×0.8　基本手当日額の下限額1,664円	$\frac{-3W^2+74,460W}{77,700}$　W=賃金日額	賃金日額×0.5			6,395円		
30歳以上45歳未満						7,100円		
45歳以上60歳未満							7,810円	
60歳以上65歳未満		＊	賃金日額×0.45			6,808円		
65歳以上		$\frac{-3W^2+74,460W}{77,700}$	賃金日額×0.5		6,395円			

＊　① $\frac{-7W^2+133,340W}{130,800}$ か ② 0.05W＋4,256円の低いほうの額

※端数処理については、1円未満を切り捨てる
※65歳以上で退職した人には、基本手当は支給されず、高年齢求職者給付金（一時金）が支給される（雇用保険被保険者期間が1年未満のときは基本手当日額の30日分、1年以上のときは50日分）

51 雇用保険の受給手続

Q 雇用保険の受給資格決定を受ける手続について教えてください。

A 会社を退職した後、会社から離職証明書をもらいハローワークへ行って求職の申込みをします。求職の申込みから7日間は、雇用保険の基本手当を受給する資格があるかどうかを判断する期間（法定待期）があり、その後、受給資格決定を受けることになります。

　雇用保険の基本手当を受給するためには、その受給要件を満たしたうえで、ハローワークの所長から受給資格の決定を受けなければなりません。受給資格の決定を受けるには、図表51－1のとおり住所地を管轄するハローワークに出頭し、求職の申込み（128頁図表51－2）をしたうえで離職票（129頁図表51－3）を提出します。離職票が複数枚あるときはすべての離職票を提出します。また、離職票の提出に添付するものとして、印鑑、住民票または運転免許証、雇用保険被保険者証（紛失した場合は再交付申請書）、顔写真（3×2.5cm）が必要になります。

　基本手当を受給するためには、次の受給要件を満たした後にハローワークの所長から受給資格の決定を受けることになります。①離職により被保険者の資格を喪失したこと、②労働の意思・能力があるのに職業につけない状態にあること、③算定対象期間に被保険者期間が通算して6か月以上あること。

　受給資格が決定されると、ハローワークの所長から「受給資格者証」が

Point 離職後に住所を変更した場合は、変更後の住所地を管轄するハローワークに出頭し、所定の住所変更の手続をしてください。

交付され、以後、基本手当を受けることができようになります。

図表51-1　雇用保険の受給手続

```
┌─────────────────────────────────┐
│ 離職票等を持参のうえ住所地の管轄の │
│ ハローワークに行くこと             │
└─────────────────────────────────┘
              ↓
┌─────────────────────────────────┐
│ 離職票・求職票の提出日が「受給資格決定日」│
└─────────────────────────────────┘
              ↓
┌─────────────────────────────────┐
│ 約10日後に受給説明会に出席         │
└─────────────────────────────────┘
              ↓
┌─────────────────────────────────┐
│ 失業認定を行い基本手当を支給（振込み）│
└─────────────────────────────────┘
```

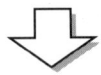

図表51-2　求職申込書

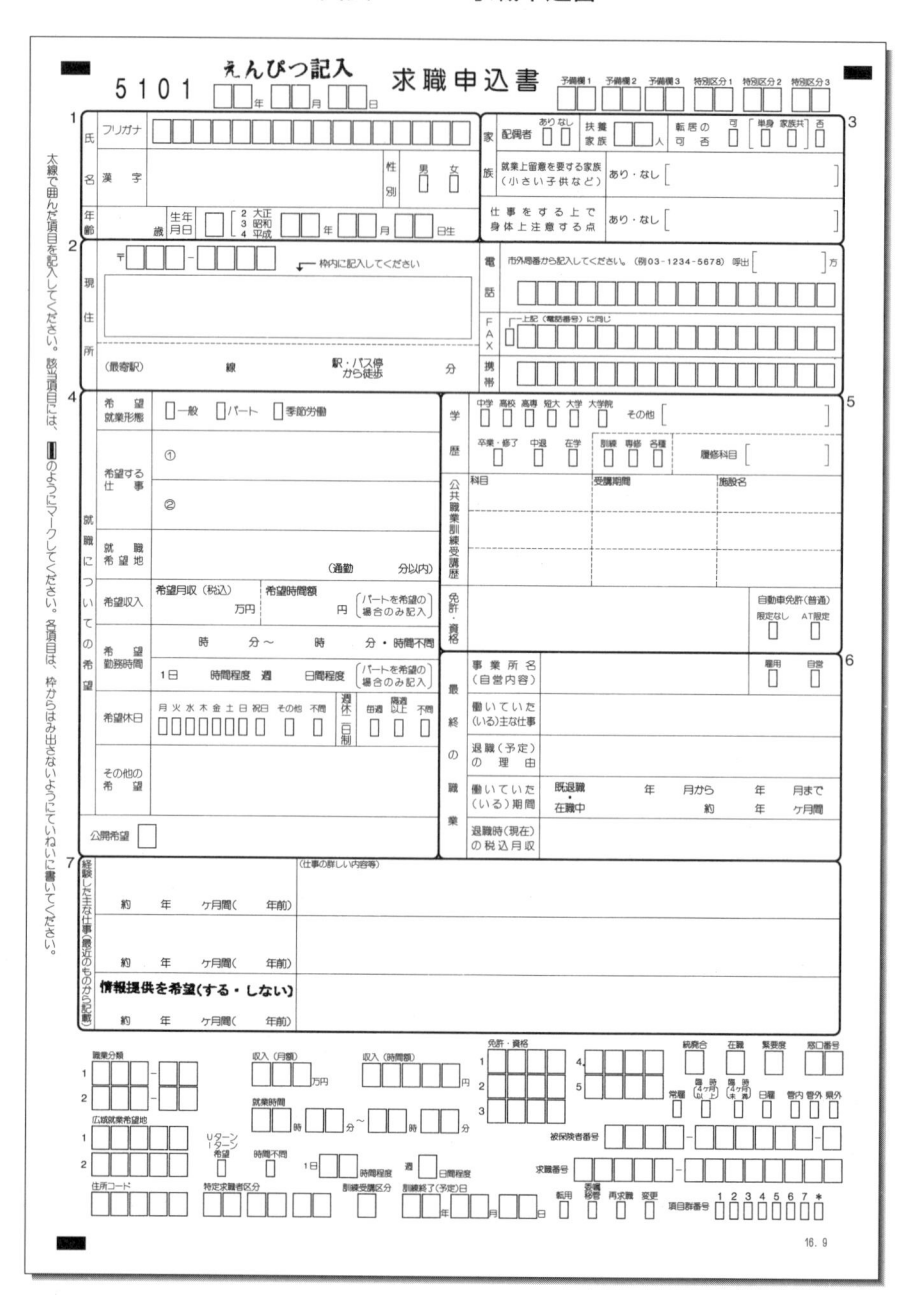

図表51－3　雇用保険被保険者離職票

様式第６号(1)・様式第６号の３(2)

交付番号（　　　　）

交付年月日

雇用保険被保険者　離　職　票　－　1
資格喪失確認通知書(被保険者通知用)

帳票種別 10200

※修正項目番号

※①安定所番号

(なるべく折り曲げないようにし、やむをえない場合には折り曲げマーク(▶)の所で折り曲げて下さい。)

(この用紙は、このまま機械で処理しますので汚さないようにして下さい。)

②被保険者番号

③被保険者となった年月日(被保険者区分変更年月日)

④離職年月日(被保険者区分変更年月日の前日)

⑤被保険者種類・区分 (1又は9 一般　4又は5 高年齢　2又は3 短期　7 短時間　8 短時間(高年齢))

離職票交付希望 (1 有　2 無)

離職者氏名

性別 (1 男　2 女)

生年月日(元号－年月日) (2 大正　3 昭和　4 平成)

喪失原因・被保険者区分変更表示 (1 離職以外の理由　2 3以外の離職・被保険者区分変更　3 事業主の都合による離職)

事業所番号

管轄区分

事業所名略称

産業分類

⑥再交付表示 (1 再交付)

※⑦求職申込年月日　平成　年　月　日

受給資格等決定年月日　平成　年　月　日

⑧認定日(一般)

⑨認定予定月日(高年齢・特例)　月　日

⑩賃金日額(区分－日額又は総額)　千万　百万　十万　万　千　百　十　円

区分 (1 日額　2 総額)

⑪所定給付日数の決定に係る対象者区分(1～5)

⑫離職理由

⑬特殊表示区分

⑭番号複数取得チェック不要 (チェック・リストが出力されたが、調査の結果、同一人でなかった場合に「1」を記入。)

⑮求職番号

⑯支払区分

⑰金融機関・店舗コード

口座番号

修正欄

基本手当日額（　　　　）円

所定給付日数（　　　　）日

支給番号（　　　　）

備考

公共職業安定所長

52　雇用保険の基本手当に関する支給制限

Q 離職理由によって雇用保険の基本手当の支給が遅くなると聞きましたが、それは本当でしょうか。

A 基本手当は、離職理由によっては、基本手当を受けるまで支給制限があり、その期間内は基本手当は支給されません。特に正当な理由がなく自己都合で退職した場合に制限があります。

　定年退職や会社都合によって会社を離職した人の場合は、求職の申込みをした後7日間の法定待期後は基本手当が受け取れます。しかし、正当な理由がない自己都合で離職した場合は支給制限が行われます。自己都合による退職の場合、通常は3か月の支給制限がありますが、次のような理由は正当な理由での自己都合退職となり、支給制限は行われません。

① 体力不足、心身の障害、傷病、視力・聴力・触覚の減退などによる退職
② 結婚、妊娠、出産、育児にともなう退職が慣行となっている場合
③ 結婚による住所変更で事業所への通勤が困難になった場合
④ 父母の死亡、傷病による父母の扶養、看護などの家庭事情の急変により退職した場合　　など

Point 自己の責めに帰すべき重大な理由（刑法での処罰等）により解雇された場合も、待期期間満了後1〜3か月の支給制限があります。

図表52　基本手当の支給制限

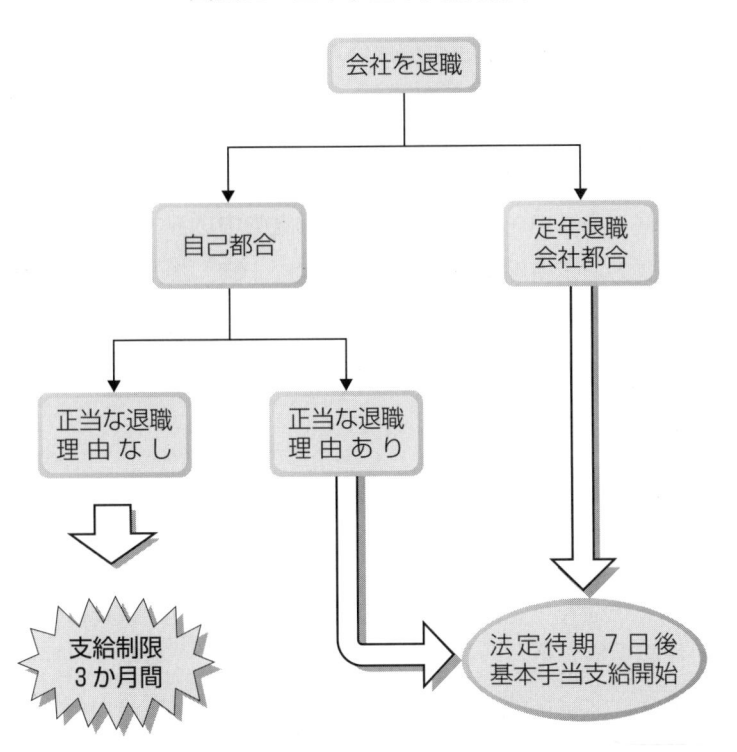

```
          会社を退職
         ／      ＼
      自己都合    定年退職
     ／    ＼    会社都合
 正当な退職  正当な退職     │
 理由なし   理由あり      │
    ↓         ↓         ↓
 支給制限     法定待期7日後
 3か月間     基本手当支給開始
```

52 雇用保険の基本手当に関する支給制限

53 雇用保険の基本手当受給手続と支払日

Q 雇用保険の基本手当受給手続と支払日について教えてください。

A 雇用保険の基本手当を受給するためには、定年退職後に住所地を管轄するハローワークに行き、求職の申込みをします。そして7日間の法定待期をすぎると4週間に1回、失業認定された期間について基本手当が支給されます。したがって、4週間に1回、ハローワークに出頭することが必要です。

　基本手当を受給するまでの大きな流れは図表53のようになっています。まず、会社から離職票をもらい、住民票、運転免許証、雇用保険被保険者証、顔写真を持ってハローワークへ行きます。その日が受給資格決定日となり雇用保険受給資格者のしおりが手渡されます。その後7日間の法定待期期間があり、受給資格決定日から約10日後に受給説明会があり、雇用保険受給資格者証が発行されます。以後、この資格者証と印鑑を持って4週間に1回ハローワークに行き、その度に失業認定申告書が渡されます。その日を「失業認定日」といいます。失業認定日から約1週間後に、指定した金融機関の預金口座に待期終了の翌日から第1回目の失業認定日までの基本手当が振り込まれます。したがって、1回目の振込みは28日分とは限りません。

　再就職をしない限り、4週間に1回、ハローワークに出頭し、失業認定

Point 受給資格者がハローワークの所長の紹介する職業につくことを拒否した場合は、拒んだ日から1か月間は基本手当は支給されません。

申告書を提出して失業認定を受ければ28日分（原則）の基本手当が振り込まれます。以後、このパターンを繰り返し、基本手当の所定給付日数の限度で基本手当の支給が終了します。

図表53　基本手当支給の流れ

```
基本手当の支払日は
      ↓
受給説明会から約2週間後
      ↓
第1回目の失業認定日
      ↓
4週間間隔で失業認定日
      ↓
基本手当の支給終了
```

54　失業認定を受けるための条件とは

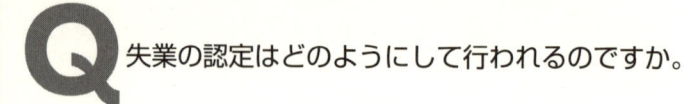

Q 失業の認定はどのようにして行われるのですか。

A 基本手当を受けるには、4週間に1回ハローワークに行き、失業認定申告書に求職活動の状況や就職、内職などの状況を記載のうえ申告して、失業の認定を受けなければなりません。失業の認定を受けるには、積極的な求職活動をしていることが条件となっています。

　失業の認定を受けるまでには図表54のような流れがあり、失業の認定対象期間中は2回以上の求職活動の実績が必要となっています。正当な理由がなく自己都合により離職した場合、支給制限により3か月は基本手当は支給されませんが、支給制限とはいってもこの期間と直後の認定対象期間には3回以上の求職活動の実績が必要です。この求職活動には新聞やインターネットなどでの単なる求人情報の閲覧、あるいは単なる知人への紹介依頼などは含みません。

　具体的には、①求人への応募、②ハローワークが行う職業相談、各種講習やセミナーの受講、③許可や届出のある民間職業紹介機関などが行う職業相談、求職活動方法などを指導するセミナーの受講、④雇用・能力開発機構、高年齢雇用開発協会、自治体、求人情報提供会社、新聞社などが実施する職業相談、各種講習セミナーあるいは個別相談ができる企業説明会

> **Point** 求職活動の実績は、問合せを行い事実確認をすることがあり、不正受給があった場合は、「不正受給金返還」として3倍の納付を命じられます。

PART 4　雇用保険

などの受講や参加、⑤再就職に資する各種国家試験、検定などの資格試験の受験など、積極的な活動が必要です。

図表54　失業認定までの流れ

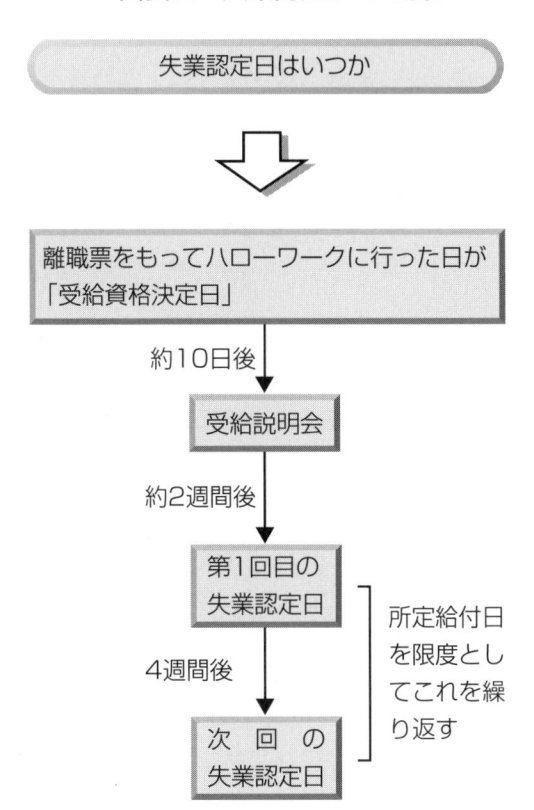

```
┌─────────────────────┐
│   失業認定日はいつか    │
└─────────────────────┘
           ▽

┌─────────────────────────────────────┐
│ 離職票をもってハローワークに行った日が   │
│ 「受給資格決定日」                     │
└─────────────────────────────────────┘
           │ 約10日後
           ▼
      ┌─────────┐
      │ 受給説明会 │
      └─────────┘
           │ 約2週間後
           ▼
      ┌─────────┐  ┐
      │ 第1回目の │  │
      │ 失業認定日 │  │
      └─────────┘  │ 所定給付日
           │         │ を限度とし
           │ 4週間後 │ てこれを繰
           ▼         │ り返す
      ┌─────────┐  │
      │ 次 回 の  │  │
      │ 失業認定日 │  │
      └─────────┘  ┘
```

54 失業認定を受けるための条件とは　　135

55　定年後の雇用保険（基本手当）の受給

Q 定年後の基本手当の受給は、いつ、どのようにして決まりますか。

A 基本手当を受給するには定められた順序に従い手続をしなければなりません。定年で退職した場合は基本手当の支給制限はありません。この場合は、求職の申込後、約4週間後の失業認定日に最初の失業の認定が行われ、基本手当の支給が決定されます。その後は4週間に1回、失業の認定が行われ、基本手当の支給が決定されます。

　基本手当を受給できるようになるには、まず、①離職の確認を受け、離職票の交付を受けます。②離職者は住所地管轄のハローワークに出頭して求職の申込みを行い、その日または初回の説明日までに離職票およびその他の添付書類を提出します。③ハローワークの所長の受給資格決定のもと、受給資格者証の交付を受けます。同時に基本手当の日額、所定給付日数、4週間に1回の失業認定日が通知されます。この時点で、第何週の何曜日に出頭せよという通知（受給資格者証に記載されている）が交付されます。

　したがって、受給説明会（求職の申込みから約10日後）のときには、いつハローワークに出頭したらよいかがわかり、基本手当を受けるために指定した金融機関の口座には、出頭の日から約1週間後に基本手当が振り込まれます。通常は基本手当の4週間分が支給されますが、初回の認定日の場

Point 失業の認定を受けている間に労働による収入を得た場合には、**基本手当の支給額は収入の額によって調整され、全額停止の場合もあります。**

合には、7日間の法定待期を除いた3週間分の基本手当が支給され、その後は4週間分の基本手当が所定給付日数がなくなるまで支給されます。

図表55　基本手当の支給決定

```
┌─────────────────────────────────────┐
│ 離職票をもってハローワークに行った日に受給資格決定 │
└─────────────────────────────────────┘
                ↓
        ┌──────────┐      ┌────────────────┐
        │ 受給説明会 │ ←── │ ハローワークに初めて │
        └──────────┘      │ 出頭した日に受給説明 │
                ↓         │ 会、失業認定日は決ま │
        ┌──────────┐      │ っている          │
        │ 第1回目の │      └────────────────┘
        │ 失業認定日 │ ←──┐
        └──────────┘     │  ┌────────────────┐
                ↓        ├─│ 4週間おきに出頭し │
        ┌──────────┐     │  │ 失業認定を受けるこ │
        │ 第2回目以降│ ←──┘  │ とにより、基本手当 │
        │ 失業認定日 │        │ の支給が決定される │
        └──────────┘        └────────────────┘
```

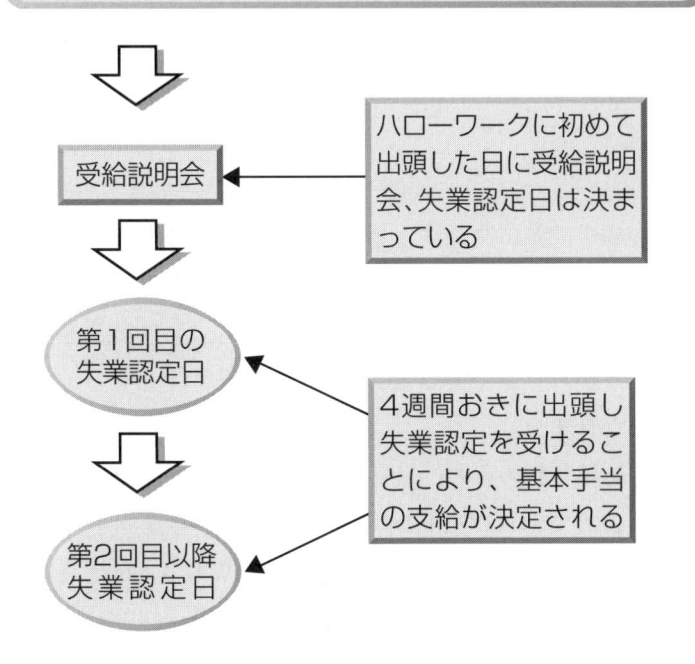

55　定年後の雇用保険（基本手当）の受給　●　137

56 基本手当を少しでも有利に受給する方法

Q 定年後の雇用保険（基本手当）について少しでも有利な受給をする方法はあるのでしょうか。

A 雇用保険の基本手当の日額は、受給資格者の賃金日額に基づいて算定されます。賃金日額は、原則として離職前6か月間に支払われた賃金の総額（超過勤務手当、通勤手当なども含む）を180日で割って決まるので、残業等で賃金日額を増やすと有利になります。このほか、延長給付、再就職手当の受給などが考えられます。

　基本手当の額を故意に高くするということはできませんが、どうしても挙げるとすれば、図表56のように離職前の賃金を努力して上げる方法があります。その賃金の中には、基本給はもちろんのこと、残業手当や諸手当も入るでしょうから、あくまで方法論としては基本手当を多く受給できるという理屈になります。

　また、所定給付日数のうち、31日以上残して公共職業訓練校に入校すれば、60歳以上の人であれば最長180日間、入校日から基本手当を延長して受給できます。残日数が30日以下で入校しても基本手当は延長になりませんから、入校日を逆算して入る必要があるでしょう（Q61参照）。

　そのほか、基本手当そのものは増えませんが、所定給付日数を3分の1以上かつ45日以上残して再就職した場合には、再就職手当が受給できます。再就職手当の額は、支給残日数×30％×基本手当日額の一時金となります。

> **Point** 基本手当、再就職手当等は課税対象にはなりません。

図表56 基本手当を少しでも有利に受給するには

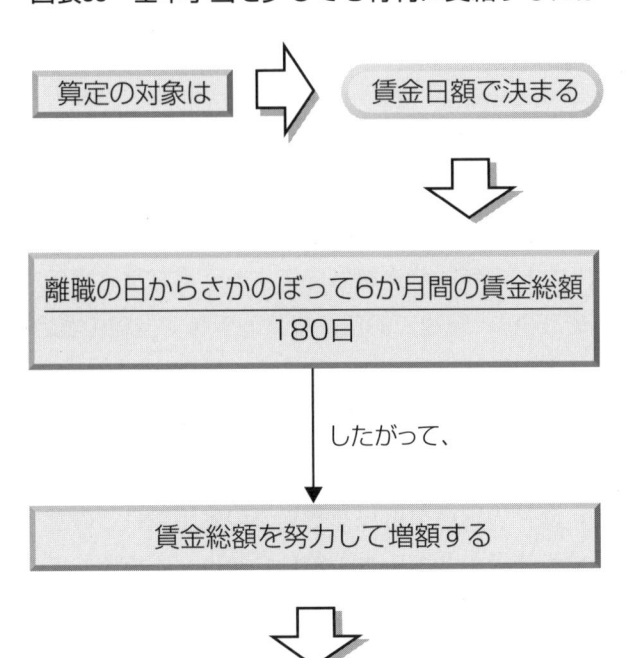

算定の対象は ⇒ 賃金日額で決まる

⇓

離職の日からさかのぼって6か月間の賃金総額
180日

↓ したがって、

賃金総額を努力して増額する

⇓

たとえば残業をする。もしくは諸手当の増える仕事をする

57　定年後の雇用保険(基本手当)の給付日数

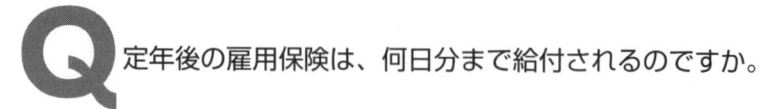

Q 定年後の雇用保険は、何日分まで給付されるのですか。

A 基本手当の給付日数には一定の限度があり、これを所定給付日数と呼んでいます。給付日数は雇用保険の被保険者であった期間、退職した日の年齢や退職事由によって異なり、定年などの場合、最長で150日、最短で90日、リストラ等で退職の場合は最長330日となっています。

　離職理由が、会社の倒産や解雇など以外の定年や自己の意思により離職した一般の受給資格者の基本手当の給付日数は、受給資格者の被保険者であった期間（算定基礎期間）の長さに応じて一般の被保険者および短時間被保険者（1週間の所定労働時間が20時間以上30時間未満、期間の定めのない雇用契約または雇用期間が1年の雇用契約等）ともに共通のものが決められています。

　ただし就職困難者、いわゆる身体障害者、知的障害者、刑余者および社会的事情により就職が著しく阻害されている人などの就職困難者の所定給付日数は、受給資格者の被保険者であった期間（算定基礎期間）の長さや年齢によって異なり、全年齢共通で被保険者期間が1年未満の場合は150日、45歳未満で1年以上の被保険者期間がある場合は300日、45歳以上65歳未満で1年以上の被保険者期間がある場合には360日となっています。

　なお、定年等以外の離職理由の所定給付日数は図表57のように比較的長

Point 上記の所定給付日数は、あくまで、離職日が平成15年5月1日以降の離職者を対象としていますので、注意してください。

期となっています。

図表57　基本手当の給付日数

○定年など離職前からあらかじめ再就職の準備ができる離職者

年齢＼加入期間	6か月以上1年未満	1年以上5年未満	5年以上10年未満	10年以上20年未満	20年以上
全年齢共通	90日	90日	90日	120日	150日

注　65歳未満の場合

○倒産、解雇により離職を余儀なくされた離職者

年齢＼加入期間	1年未満	1年以上5年未満	5年以上10年未満	10年以上20年未満	20年以上
30歳未満	90日	90日	120日	180日	—
30歳以上45歳未満	90日	90日	180日	210日	240日
35歳以上45歳未満注1	90日	90日	180日	240日	270日
45歳以上60歳未満	90日	180日	240日	270日	330日
60歳以上65歳未満	90日	150日	180日	210日	240日

注1　離職の日が平成15年5月1日以降、年齢が35歳から45歳未満の人で、雇用保険者期間が10年以上の人は所定給付日数が延長されている
　2　失業給付は働く意志があり、求職活動をしている場合に支給され、定年退職の場合は7日待期後すぐ受給でき、雇用保険からの給付は全額非課税扱いである

58　定年後の雇用保険（基本手当）の算出方法

Q 定年後の雇用保険（基本手当）の算出方法で大切なものはどういったものでしょうか。

A 62歳で定年退職、もしくは60歳で継続雇用された後に退職した場合、雇用保険の基本手当日額を算出するのは、離職前6か月間の賃金総額で決定します。つまり、その6か月間の賃金が低ければ基本手当も低くなり、逆に高ければ基本手当も高くなるというところがポイントと思われます。

　基本手当を算出する方法は、原則として被保険者期間の最後の6か月間に支払われた賃金総額を180日で除して算出します（Q57参照）。ただし、この賃金総額には賞与・ボーナス等の臨時に支給されたものは含みません。また、過去6か月間のなかで賃金支払基礎日数が14日未満の月は、算定の対象月から除外されます。ということは、基本手当を少しでも多く受給したいと考える人は、離職前6か月間の賃金を多くすればいいことになりますから、たとえば残業手当や営業手当を努力して増やすことによって、基本手当を多くすることも可能になります。

　ただし、基本手当日額には上限がありますので、たとえば、62歳の人で賃金日額が2万円の人と1万6,000円の人とでは、基本手当日額の上限はともに6,808円となり（Q50参照）、月額は6,808円×28日＝19万624円となりますから、賃金（賃金日額）は異なっても、基本手当は同じになります。

Point よく退職前に有給休暇を取る人がいますが、**各種手当がつかなくなり、賃金総額が低くなるので、ほどほどに取ること**をおすすめします。

図表58 基本手当を増やす方法

```
┌─────────────────────────────┐
│ 基本手当の算出方法で大切なものは │
│ 離職前6か月間の賃金総額         │
└─────────────────────────────┘
              ⇩
┌─────────────────────────────┐
│ 賃金日額の大小によって雇用保険の │
│ 基本手当が大幅に違ってくる       │
└─────────────────────────────┘
              ⇩
┌─────────────────────────────┐
│ 賃金日額の算定対象期間に入ったら │
│ 賃金日額を増やす努力をすること   │
└─────────────────────────────┘
```

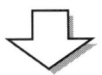

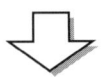

59 再就職が決まったときに受給できる給付とは

Q 基本手当を残して再就職が決まったときに、何かほかの給付はあるのでしょうか。

A 会社をいったん退職し、基本手当をもらっているうちに再就職した場合、一定の条件のもとで就業促進手当が受給できます。この給付は、短期間の雇用など多様な就業形態の実態に照らしたうえで、求職者の早期の再就職を可能にするために給付するものです。

　就業促進手当には常用就職型職業についた人（一般の正社員）と非常用就職型職業（正社員的な雇用ではなく、1年未満の雇用期間を定めた就業等）についた人に給付されるものと2つの形態があります。制度や給付の内容は次のとおりです。

① 常用就職型職業についた場合（再就職手当）→ 職業についた日の前日の支給残日数の10分の3の日数分×基本手当日額を一時金として支給します。

② 非常用型職業についた場合（就業手当）→ 職業についた日ごとに、基本手当日額の10分の3の額を支給します（上限あり）。

③ 就職困難者が常用就職型職業についた場合（常用就職支度手当）→ 基本手当日額の30日分を一時金として支給します。

Point 就業促進手当のうち、再就職手当と高年齢雇用継続給付は、両方一緒に受給できず、どちらか有利なほうを選択しなければなりません。

図表59　再就職手当と高年齢雇用継続給付

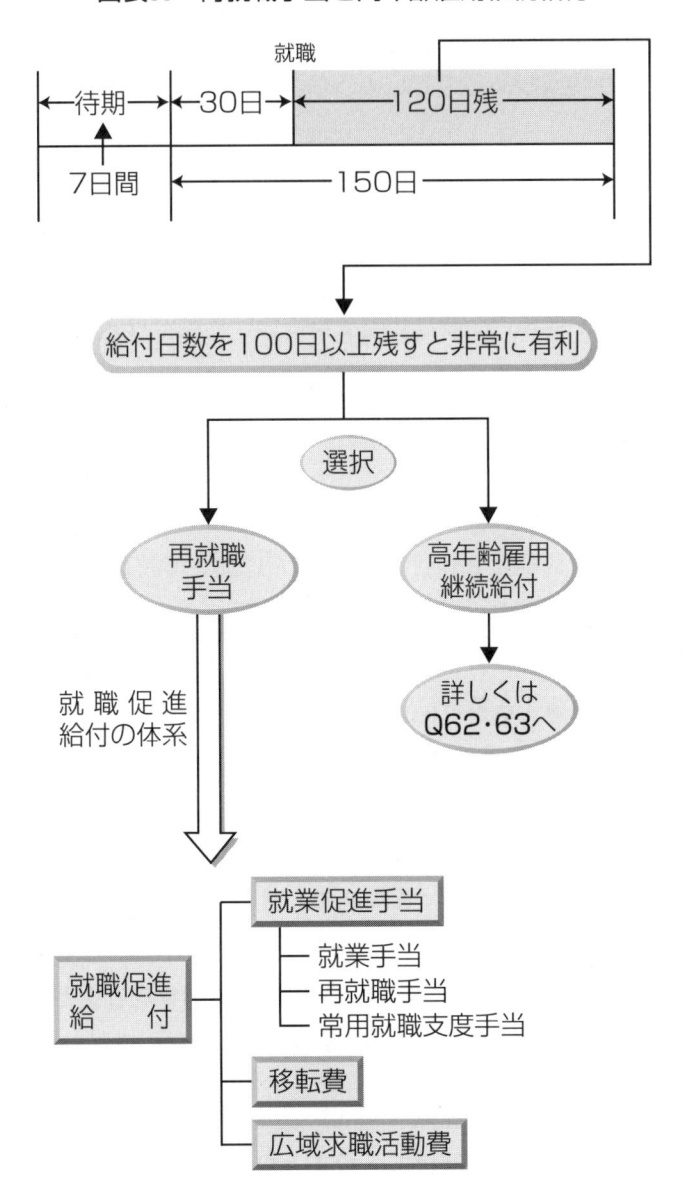

```
    ←待期→ ←30日→ ←──120日残──→
              就職
    7日間   ←──────150日──────→
```

給付日数を100日以上残すと非常に有利

選択

- 再就職手当
- 高年齢雇用継続給付 → 詳しくはQ62・63へ

就職促進給付の体系

就職促進給付
- 就業促進手当
  - 就業手当
  - 再就職手当
  - 常用就職支度手当
- 移転費
- 広域求職活動費

59 再就職が決まったときに受給できる給付とは　145

60　雇用保険の受給資格者と公共職業訓練の受講

Q 公共職業訓練校とは、どういったものでしょうか。また、入校して何か特典があるのでしょうか。

A 公共職業訓練校は、新たに職業につく人、求職中の人、転職を希望している人を対象に、就職を目的とし、職業に必要な知識・技能を習得するための学校です。また、現在働いている人が、新しい技術や仕事に必要な知識を身につけてキャリアアップするためにも入校できます。

　雇用保険の受給資格者がハローワーク所長の指示した公共職業訓練校を受講する場合は、訓練延長給付（Q61参照）に加えて技能習得手当および寄宿手当が支給されます。

　技能習得手当は、受給資格者がハローワークの所長の指示した期間内の公共職業訓練を受講する場合に支給され、実際に受講した日について日額500円が支給されます。そのほか、受講するために交通機関や自動車などを利用する場合に、月額最大4万2,500円が支給されます。

　寄宿手当は、受給資格者が公共職業訓練を受講するために生計維持している扶養親族と別居して寄宿する場合に、月額1万700円が支給されます。

　なお、入校後は、授業料は無料（教科費や作業服は自己負担）となります。そのほか、月額1万8,200円～8万5,000円の技能者育成資金という貸付制度もあります。また科目によっては、資格や受験資格の取得ができ、かつ、

Point 公共職業訓練校に入校する際、面接、学科試験（筆記試験または学力検査）、科目によっては付加試験（体力検査や英語の筆記試験）があります。

その技能に合った職業も紹介してもらえます。

最近の就職難により訓練校は非常に人気があり、入校の際の競争率も年々上がっています。

図表60　職業訓練校に入校するメリット

職業訓練校（高等技術専門学校）
↓
ハローワークの紹介（経由）で入校した場合
- 基本手当の受給期間が延長になる
- 受講手当（日額500円）が給付される
- 通勤手当（月額42,500円が限度）が支給される
- 寄宿手当（月額10,700円）が支給される

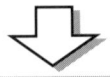

61 訓練延長給付を受給する方法は

Q 公共職業訓練校に入校して給付延長を受けるには、どうすればいいですか。

A 公共職業訓練校は、求職者の再就職に役立つと判断した場合は、受給資格者に対して、職業訓練の受講指示を出すことがあります。もちろん自らの意思でも受講できます。基本手当を受給中に公共職業訓練を受講すると、訓練延長給付を受給することができます。受給できる条件は、所定給付日数に応じて、一定の支給残日数があることです。

　雇用保険の基本手当を受給中に、ある一定の支給残日数を残して職業訓練校に入校した場合、訓練延長給付として、基本手当が一定期間延長して受給できる制度があります。支給残日数が不足してから入校しても基本手当は延長されないので注意が必要です。したがって、入校日がいつなのか、その時点の支給残日数が何日かを逆算しておかなくてはなりません。

　たとえば、60歳で定年退職する人で所定給付日数が150日の場合は、支給残日数を31日以上残さないといけません。もし、入校日に支給残日数が28日であったとすれば、基本手当を延長して受給はできません。

　つまり、最初の4か月弱は求職活動をして基本手当を受給し、残りあと1か月半ぐらいの時点で入校できるように逆算して職業訓練校に入校するのが、タイミングとしては最もいいと思われます。

Point 求職の申込後、7日間の法定待期中に職業訓練校に入校しても結構ですが、上記の訓練延長給付の面からはベターとはいえません。

図表61　理想的な訓練延長給付への移行（例）

```
┌─────────────────────────────┐
│ たとえば雇用保険加入20年以上の │
│ 62歳定年者のケースでは         │
└─────────────────────────────┘
              ⇩
┌─────────────────────────────┐
│ 雇用保険基本手当給付日数は     │
│ 150日分                       │
└─────────────────────────────┘
              ⇩
┌─────────────────────────────┐
│ 給付日数を31日以上残すように   │
│ 就職活動                       │
└─────────────────────────────┘
              ⇩
┌─────────────────────────────┐
│ 公共職業訓練校に入校した場合   │
└─────────────────────────────┘
              ⇩
┌─────────────────────────────┐
│ 訓練延長給付が受給できる       │
└─────────────────────────────┘
```

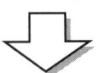

62　高年齢雇用継続給付の受給要件

Q 高年齢雇用継続給付はどのようにすると受給できるのでしょうか。

A 高年齢雇用継続給付には、高年齢雇用継続基本給付金と高年齢再就職給付金の2種類があります。いずれも支給対象月の賃金が60歳到達時の賃金月額の75％未満に低下した状態で雇用されているときに、最大で賃金の15％相当額の給付金が支給されます。

1 高年齢雇用継続基本給付金

　高年齢雇用継続基本給付金の支給対象となる被保険者は、基本手当を受給せずに雇用を継続し、かつ被保険者期間が5年以上ある60歳以上65歳未満の被保険者を指します。被保険者期間が5年以上ない場合は、60歳以上65歳未満の間で5年以上となったときに対象となります。この5年間は異なる事業所の被保険者期間であっても、離職日の翌日から1年以内に再就職した場合は通算できます。ただし、基本手当や再就職手当などを受給した場合の期間は通算できません。

　支給要件は、支給対象となった月から65歳になった月までの期間中の賃金月額が、60歳到達時の賃金日額に30を乗じた額の75％を下回ったときに支給されます。

　なお、賃金低下の理由が次の場合は、低下した部分も支払われたものとみなしたうえで、賃金が低下したかどうか判断します。①懲戒処分、②傷病、③事業所の休業、④妊娠、出産、育児、⑤冠婚葬祭等の私事、⑥介護

Point 高年齢雇用継続基本給付金を受けるか、高年齢再就職給付金を受けるかは、基本手当受給の有無で決まります。

など。支給期間は被保険者が65歳に達した日の属する月までです。

2 高年齢再就職給付金

　高年齢再就職給付金は、被保険者期間が5年以上ある人が退職して、基本手当を一部受けた後、支給残日数を100日以上残して60歳以降に再就職した場合に支給を受けることができます。

　支給期間は、支給残日数が100日以上200日未満の場合は1年間、200日以上の場合は2年間となっています。

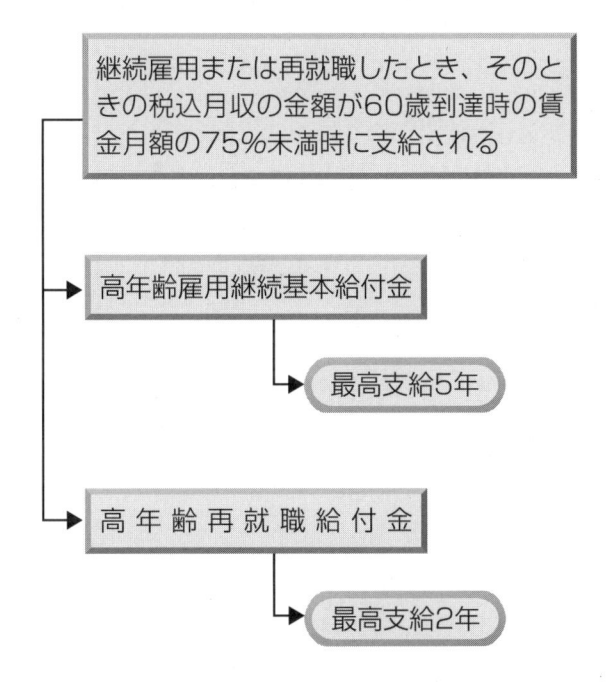

図表62-1　高年齢雇用継続給付とは

```
┌──────────────────────────────┐
│ 継続雇用または再就職したとき、そのと │
│ きの税込月収の金額が60歳到達時の賃  │
│ 金月額の75％未満時に支給される     │
└──────────────────────────────┘
        │
        ├──→ 高年齢雇用継続基本給付金 ──→ 最高支給5年
        │
        └──→ 高年齢再就職給付金 ──→ 最高支給2年
```

図表62-2　高年齢雇用継続給付支給申請書

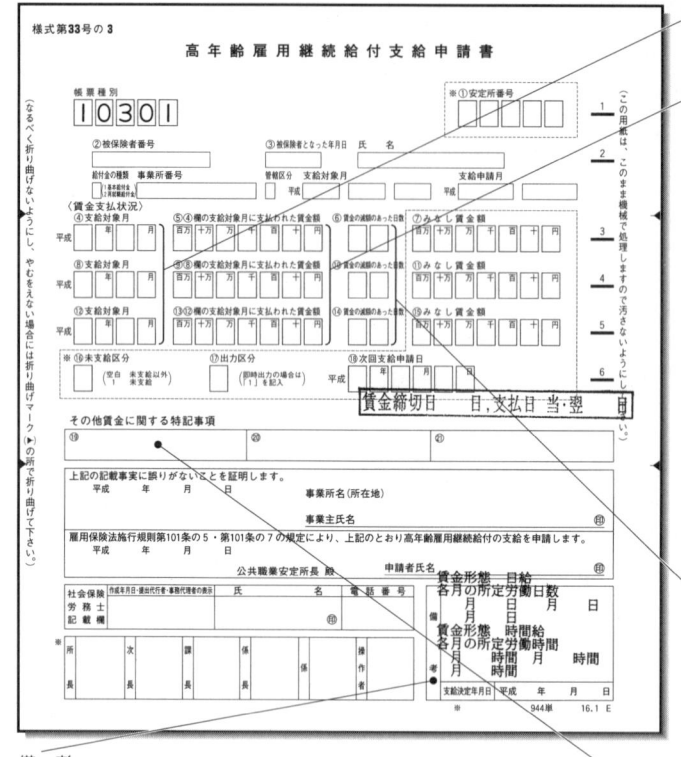

④⑧⑫　支給対象月
支給を受けようとする支給対象月を記載する

⑤⑨⑬　支払われた賃金額
④⑧⑫欄に記載した支給対象月に支払われた賃金額を記載する
なお、④⑧⑫欄に記載した支給対象月に数か月分一括払いの通勤手当等が支払われた場合には、支払われた月以後の支給対象月に1か月あたりの額を割り振って（端数が生じる場合、端数は最後の月分に加算）⑤⑨⑬欄に計上するようにする
また、上記に従って1か月あたりの額を割り振って通勤手当等を計上する場合には、⑲⑳㉑欄に、その支払われた日付、金額および何か月分が一括して支払われたものかを記載する

⑥⑩⑭　賃金の減額のあった日数
⑤⑨⑬欄に記載した賃金の支払いに係る月について、非行、疾病、負傷、事業所の休業、私事等により賃金の全部または一部の支払いを受けることができなかった日がある場合、その日数を記載

⑲⑳㉑　その他賃金に関する特記事項
⑥⑩⑭欄に記載した日に支払いを受けることができなかった賃金額をそれぞれ記載する
なお、賃金に含まれるか否かが判断しかねるものについても、その額と名称を記載する

備考
⑥⑩⑭欄に記載した日に賃金の支払いを受けることができなかった理由を記載する
なお、賃金の支払いの態様が日給または時間給である場合は、「日給」または「時間給」と記載し、あわせて⑤⑨⑬欄に記載した賃金の支払いに係る月ごとの所定労働日数を記載する
事業主は記載事実に誤りのないことの証明を行う

図表62-3　高年齢雇用継続給付次回支給申請日指定通知書（事業主通知用）

高年齢雇用継続給付次回支給申請日指定通知書（事業主通知用）

事業所番号		事業所名略称			被保険者となった年月日	
被保険者番号		氏　名				
支給申請月	給付金の種類	次回支給対象月		次回支給申請日	次回支給申請日	

管轄公共職業安定所
の所在地・電話番号
　交付　平成　　　年　　月　　日　　　　　　　　公共職業安定所長

- 支給申請期限となる。遅れると原則として、受給できなくなるので注意が必要

- - - - - - - - -（キ　リ　ト　リ）- - - - - - - - -

高年齢雇用継続給付受給資格確認・否認通知書
高年齢雇用継続給付支給・不支給決定通知書　　（被保険者通知用）

被保険者番号	氏　名	性別	生年月日	受給資格確認日
被保険者となった年月日	事業所番号		支給期間	
賃金月額			支払方法	

通知内容

管轄公共職業安定所
の所在地・電話番号
　交付　平成　　　年　　月　　日　　　　　　　　公共職業安定所長

- 口座番号を再確認すること

- 「高年齢雇用継続給付受給資格否認通知書」である場合は、受給資格を満たす予定の日が記載される

- - - - - - - - -（キ　リ　ト　リ）- - - - - - - - -

様式第33号の3

高年齢雇用継続給付支給申請書

帳票種別　`10301`　　　※①安定所番号　□□□□

②被保険者番号　　③被保険者となった年月日　氏　名
給付金の種類　事業所番号　　管轄区分　支給対象月　　　　支給申請月
〈賃金支払状況〉
④支給対象月　⑤欄の支給対象月に支払われた賃金額　⑥賃金の減額のあった月　⑦みなし賃金額
平成
⑧支給対象月　⑨欄の支給対象月に支払われた賃金額　⑩賃金の減額のあった月　⑪みなし賃金額
平成
⑫支給対象月　⑬欄の支給対象月に支払われた賃金額　⑭賃金の減額のあった月　⑮みなし賃金額
平成
⑯未支給区分（空白　未支給以外／1　未支給）　⑰出力区分（即時出力の場合は「1」を記入）　⑲次回支給申請日　平成
賃金締切日　　　日　支払日　当・翌月

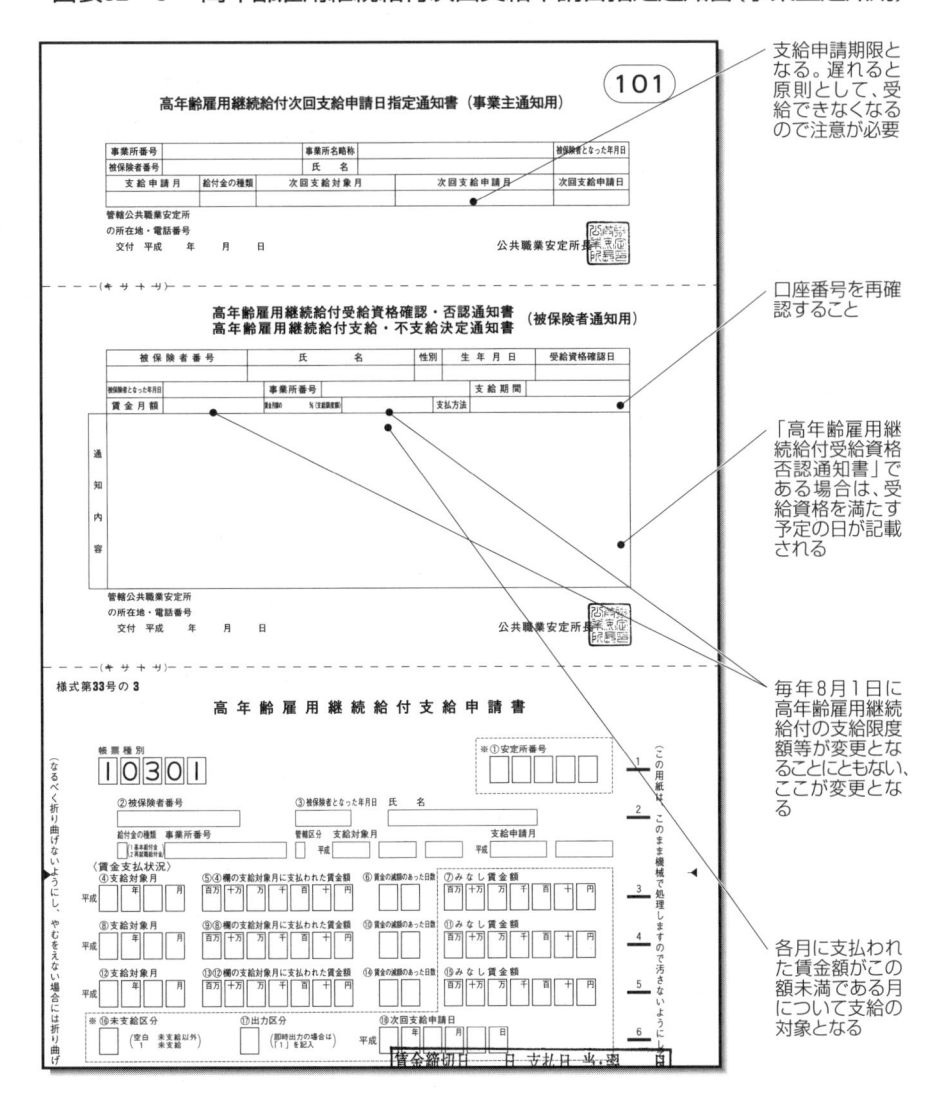

- 毎年8月1日に高年齢雇用継続給付の支給限度額等が変更となることにともない、ここが変更となる

- 各月に支払われた賃金額がこの額未満である月について支給の対象となる

62 高年齢雇用継続給付の受給要件　153

63 基本手当受給後の再就職手当と高年齢再就職給付金

Q 基本手当受給後は、再就職手当と高年齢再就職給付金を一緒に受給できますか。

A 62歳定年後、基本手当を受給中に再就職した場合、再就職手当の受給資格と、60歳時の賃金よりも75％未満で働いた場合に支給される高年齢再就職給付金の受給資格が同時に発生することがあります。これらの給付は一緒に受給することはできず、有利なほうを選択することになります。

　以前は、基本手当を受給し、一定の支給残日数があれば、再就職手当と60歳時の賃金より一定未満に賃金が下がった場合に受給できる高年齢再就職給付金を同時に受給することができました。しかし、平成15年5月からは、この再就職手当と高年齢再就職給付金は同時に受給することはできず、どちらか一方を選んだ場合、もう一方の給付は受けられなくなる併給調整が実施されました。

　たとえば図表63のように、所定給付日数が150日のケースで、基本手当を20日使い、支給残日数が130日として基本手当日額を5,000円とした場合、再就職手当の金額は130日×30％×5,000円＝19万5,000円になります。

　一方、高年齢再就職給付金は、62歳時で再就職した時点の賃金額（60歳時より61％未満）が15万円のとき、15万円×15％＝2万2,500円が12か月支

Point 再就職手当と高年齢再就職給付金の選択は、再就職時に勤務可能な期間などをよく考えて、ライフプランに合わせて選択しましょう。

給され、年間総額が2万2,500円×12か月＝27万円となり、この場合、高年齢再就職給付金のほうが有利ということができます。

図表63　再就職手当と高年齢再就職給付金の併給調整

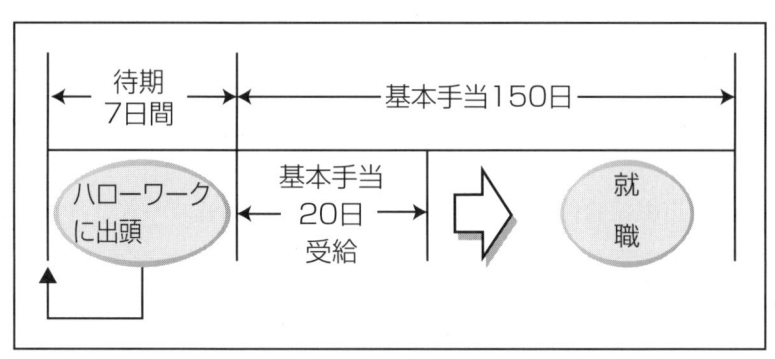

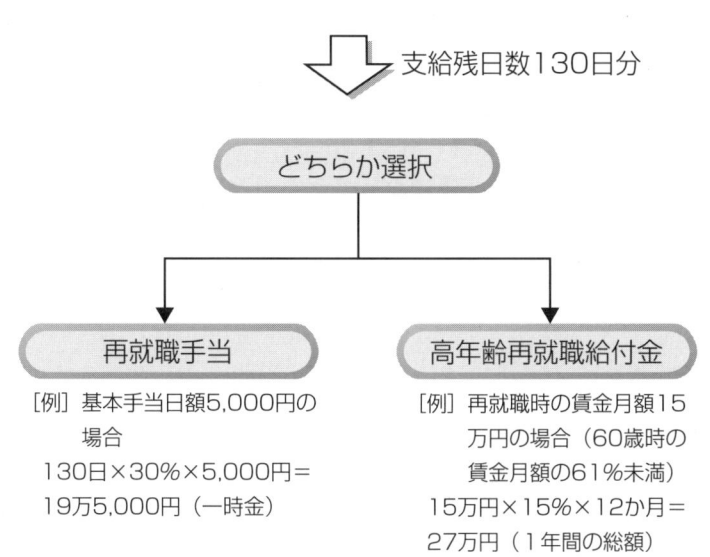

```
│←待期→│←──────基本手当150日──────→│
│ 7日間 │                              │
        │ 基本手当           │
ハロー   │  20日    ─→        就
ワーク  ←─ 受給               職
に出頭  │                    │
  ↑─────────────────────────┘
```

⬇ 支給残日数130日分

どちらか選択

再就職手当
［例］基本手当日額5,000円の場合
130日×30％×5,000円＝
19万5,000円（一時金）

高年齢再就職給付金
［例］再就職時の賃金月額15万円の場合（60歳時の賃金月額の61％未満）
15万円×15％×12か月＝
27万円（1年間の総額）

64　65歳以降に退職した場合の高年齢求職者給付金

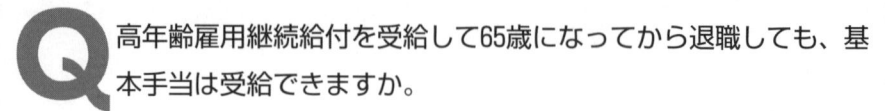

Q 高年齢雇用継続給付を受給して65歳になってから退職しても、基本手当は受給できますか。

A 65歳以降に退職した場合は、基本手当ではなく高年齢求職者給付金として、一時金が支給されます。高年齢雇用継続給付と高年齢求職者給付金は双方とも受給できます。

　高年齢雇用継続給付とは60歳以後の賃金が60歳到達時の賃金月額に比べて、75％未満に下がった場合に支給されるものです。

　一方、高年齢求職者給付金は、65歳以降に退職したときに支給されるもので、算定基礎期間に応じて1年未満は30日、1年以上は50日分が一時金として支給されます。

　このように高年齢雇用継続給付と高年齢求職者給付金とは別の給付ですので、双方とも関係なく支給されます。高年齢雇用継続給付に関してはQ62を参照してください。65歳になってから退職しようと考えている人は、65歳未満（数日の違い）で退職すると一般被保険者としての退職になり基本手当が受給できるので少しは有利になります。

> **Point** 65歳になればほとんどの人はリタイアしますが、65歳の数日前に退職すると基本手当が受給できます。

図表64　65歳前と65歳以後の退職

○65歳前の退職（基本手当の所定給付日数）
（定年など離職前からあらかじめ再就職の準備ができる離職者）

年齢＼加入期間	6か月以上1年未満	1年以上5年未満	5年以上10年未満	10年以上20年未満	20年以上
全年齢共通	90日	90日	90日	120日	150日

（注）65歳未満の場合

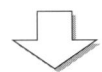

⇩ 65歳以後の退職

65歳になって退職すると、一般被保険者ではないので一時金のみが支給

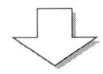

⇩

高年齢求職者給付金が50日分の一時金として支給される（雇用保険の被保険者期間が1年未満は30日分になる）

64 65歳以降に退職した場合の高年齢求職者給付金

[Part 5]
医療・介護保険

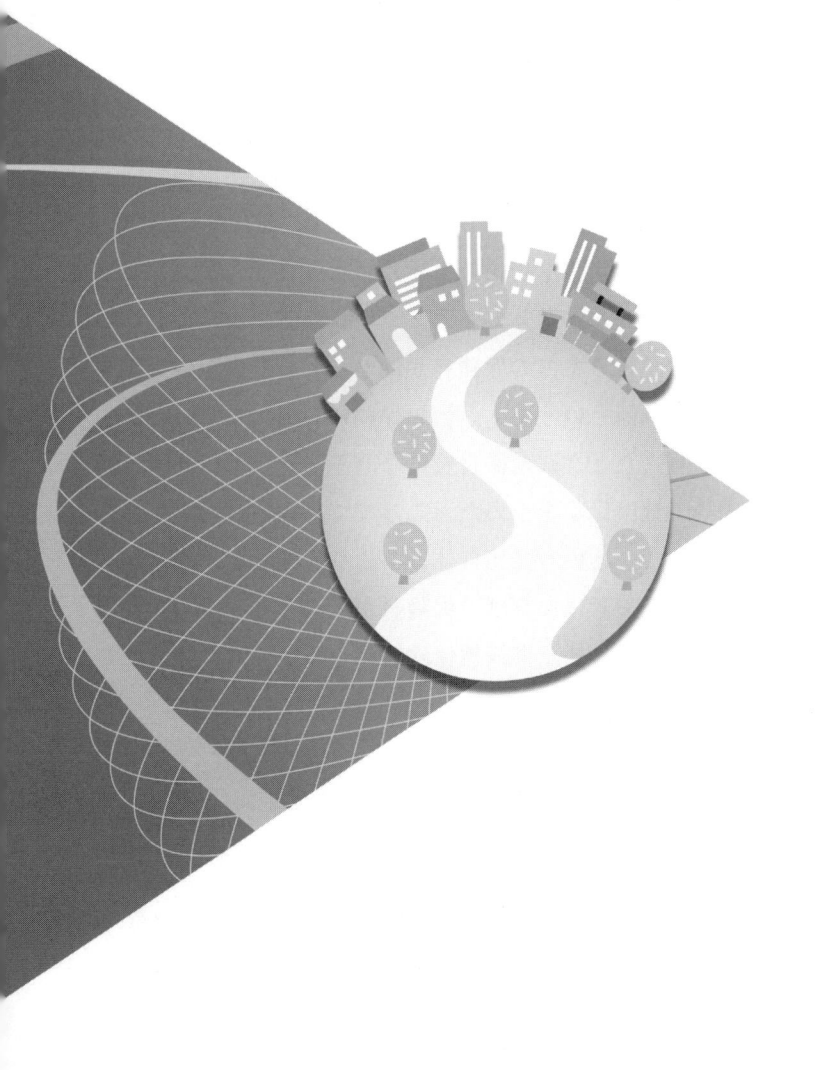

65 退職後の医療保険の選択肢は

Q 退職後に加入する医療保険には、どういったものがあるのでしょうか。

A 定年後に会社を退職すると、健康保険証は使えなくなりますから、何かの医療保険に加入しなければなりません。選択肢としては、①家族の健康保険の被扶養者になる、②任意継続被保険者になる、③国民健康保険に加入する、の3つがあります。

　定年後の再就職まで、またはリタイアした人は何らかの医療保険に加入しなければなりません。

　退職後、雇用保険の基本手当を受給後「すぐに再就職するから」といって何の保険にも入らない人がかなりいます。また、病気になってから国民健康保険に加入すれば「入るまでの保険料が助かる」いう人がいますが、それらはすべて誤った判断といえます。何の保険にも加入していないと、病気になって病院に行ったときに全額自費になります。さらに、国民健康保険の加入は定年等で健康保険をやめたところまで遡求されますから、「入るまでの保険料が助かる」という発想自体、あまり意味をなしません。

　家族の健康保険の被扶養者になれば、保険料が無料となり最も有利ですが、それができないときは、任意継続被保険者になるか、国民健康保険に加入することになります。

Point 定年退職後は必ず何かの医療保険に加入しなければなりません。退職後すぐにどれかを選択し加入しましょう。

図表65　退職後の医療保険

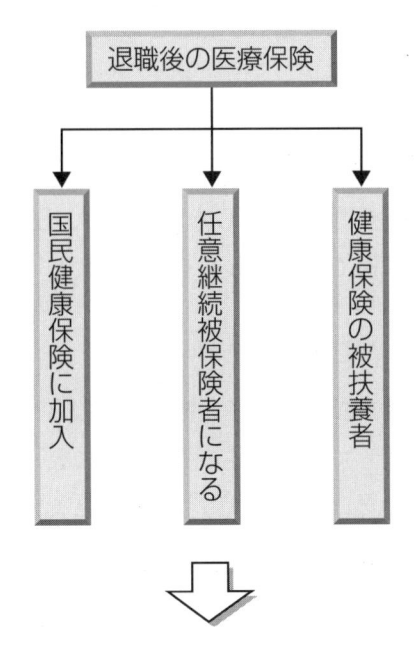

```
         ┌─────────────────┐
         │ 退職後の医療保険 │
         └─────────────────┘
           │      │      │
           ▼      ▼      ▼
       ┌─────┐ ┌─────┐ ┌─────┐
       │国民 │ │任意 │ │健康 │
       │健康 │ │継続 │ │保険 │
       │保険 │ │被保 │ │の被 │
       │に加 │ │険者 │ │扶養 │
       │入   │ │にな │ │者   │
       │     │ │る   │ │     │
       └─────┘ └─────┘ └─────┘
                  │
                  ▼
         ╭───────────────────╮
         │ どれを選ぶかによって │
         │保険料と給付の問題があるので│
         │    よく考えること    │
         ╰───────────────────╯
```

65 退職後の医療保険の選択肢は

66 国民健康保険か健康保険任意継続どちらが有利か

Q 退職時の医療保険を選択するときの決め手には何があるのでしょうか。

A どちらに加入するかの決め手は何といっても月額保険料でしょう。国民年金保険料の出し方はQ68で、任意継続被保険者は以下の解説を読んで考えてみてください。

　定年前の勤務先の健康保険は、任意継続被保険者の場合、今までの健康保険証を退職後も継続して使用できると思ってください。ただし、定年前に勤務していたときの健康保険料は労使折半でしたが、定年後は退職しているので全額を自分で支払わなければなりません。だからといって、それまでの保険料の2倍となるとは限りません。たとえば、社会保険事務所に登録されていた月額が65万円とすると、保険料は労使折半分の3万712円のさらに2倍になるのではなく、登録月額を28万円に減額したうえでの個人負担分の2倍となります（1万3,230円×2＝2万6,460円になり、以前よりも少額になることがわかると思います）。

　今まで月収が高い人や傷病手当金を受給中の人は健康保険の任意継続制度を使い、月収が低い人は国民健康保険に加入したほうが有利になることが多いと思われます。なお、健康保険組合に加入していた人はまたこれと異なりますので組合に問合せをしてください。

Point 月収が高かった人が国民健康保険に加入すると限度上限の保険料になってしまいます。保険料を比較して決めることです。

図表66　定年後の医療保険の選択

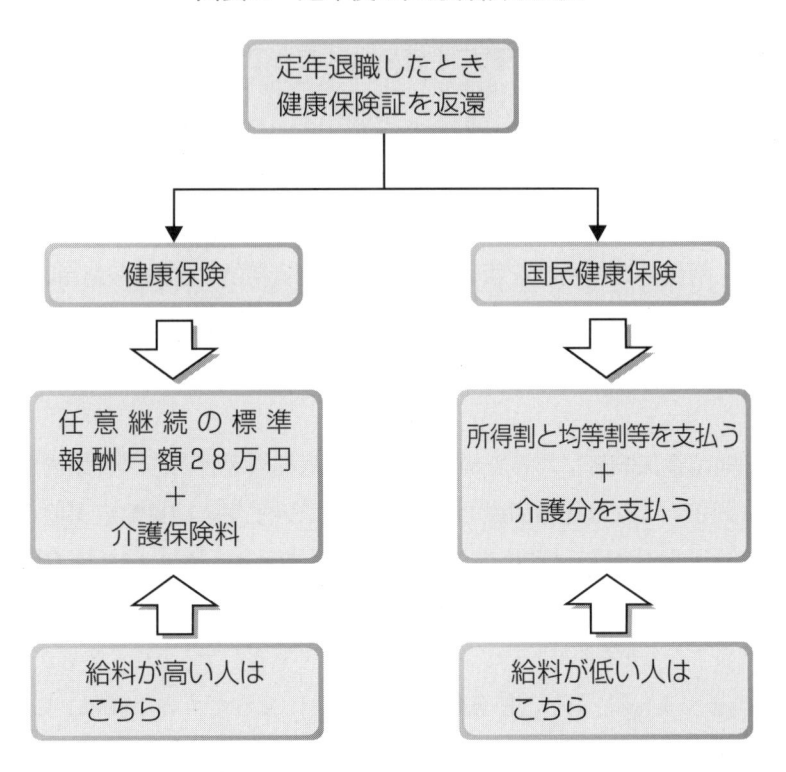

```
        定年退職したとき
        健康保険証を返還
         ┌──────┴──────┐
         ↓             ↓
      健康保険       国民健康保険
         ↓             ↓
  任意継続の標準    所得割と均等割等を支払う
  報酬月額28万円         ＋
      ＋         介護分を支払う
   介護保険料
         ↑             ↑
   給料が高い人は    給料が低い人は
     こちら          こちら
```

66 国民健康保険か健康保険任意継続どちらが有利か　163

67 健康保険の任意継続の手続期限

Q 健康保険の任意継続に手続期限はあるのでしょうか。

A 前勤務先の健康保険の任意継続被保険者になるためには、退職日の翌日から20日以内に、「健康保険任意継続被保険者資格取得申請書」を住所地を管轄する社会保険事務所（健康保険組合はその組合）に提出して手続すれば、任意継続被保険者証が交付されます。

任意継続被保険者になるための手続は、退職の翌日から20日以内という規定があり、これは比較的厳しく運用されています。国民健康保険の加入も退職日の翌日から14日以内と決まっていますが、この14日はQ66でも触れた遡及徴収からもわかるとおり、それほど厳しいものではありません（遡及徴収することを前提としている以上、厳しく運用しようという姿勢がないことは明らかです）。しかし、任意継続被保険者になるための手続は、この「20日以内」が厳しく守られており、20日を超えた手続は受け付けてくれませんので、十分に注意してください。

なお、実際の手続は、「健康保険任意継続被保険者資格取得申請書」と一緒に、定年により会社を退職した証明書（一般的には社会保険事務所の印のある健康保険喪失届）の写しを住所地を管轄する社会保険事務所に提出するようにします。

Point 任意継続被保険者になるには退職日の翌日から20日以内に手続することが必要です。健康保険喪失届の写しを入手できるのは退職後10日前後ですから手続を至急するようにしましょう。

図表67　任意継続被保険者になるためには

```
┌─────────────────────────────┐
│ 退職し、被保険者期間が2か月以上 │
│ あるとき                    │
└─────────────────────────────┘
              ⇩
┌─────────────────────────────┐
│ 資格喪失後20日以内に手続を   │
│ すること                    │
└─────────────────────────────┘
              ⇩
┌─────────────────────────────┐
│ 手続先は、住所地の社会保険事務所 │
│ または所属していた健康保険組合へ │
└─────────────────────────────┘
```

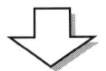

68 国民健康保険の保険料（税）の算出方法

Q 国民健康保険の保険料（税）の算出方法は全国共通なのでしょうか。

A 国民健康保険の保険料（税）の算出方法は、市区町村ごとにその実情に応じて決められることになっています。普通は、加入世帯ごとに、所得割、資産割、被保険者均等割、世帯別平等割を組み合わせた額が賦課されます。1世帯あたり年間の最高限度額も定められています。

　国民健康保険は市区町村によって保険者が異なることから、保険料（税）の算出方法も異なります。しかし、基本的な計算の仕方は共通であり、加入世帯ごとに、所得割、資産割、被保険者均等割、世帯別平等割を組み合わせた額で決められます。図表68は、東京都のある区を例として挙げたものです。この区の計算の仕方が全国の市区町村とまったく同じであるということではありませんが、十分に参考になりますので、ご覧ください。

　なお、定年退職をして夫婦2人で国民健康保険に加入した場合、納めるべき健康保険料は夫婦2人分の所得割・均等割分となりますが、定年前の健康保険を任意継続した場合、納めるべき保険料は被扶養者が何人いても「本人分のみ」となっていますので、この点、留意してください。

Point 国民健康保険の保険者は市区町村（自治体）ですから、保険料（税）の計算も市町村によって相違しますが、基本的な考えは同一です。

図表68　国民健康保険料の計算方法（例）

介護保険の実施にともない、40～64歳の国保加入者（介護保険の第2号被保険者）の国民健康保険の保険料は、医療保険（医療）分に介護保険（介護）分をあわせた額を納めることになっています（平成18年度分）。

保険料の決め方・納め方	医療分と介護分をそれぞれ次の計算方法で算定し、その合計額を国民健康保険の保険料として納めます。

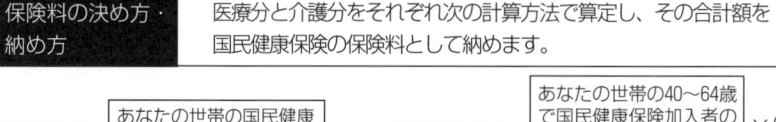

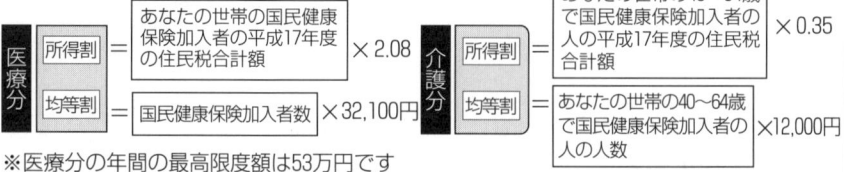

医療分
- 所得割 ＝ あなたの世帯の国民健康保険加入者の平成17年度の住民税合計額 × 2.08
- 均等割 ＝ 国民健康保険加入者数 × 32,100円

※医療分の年間の最高限度額は53万円です

介護分
- 所得割 ＝ あなたの世帯の40～64歳で国民健康保険加入者の人の平成17年度の住民税合計額 × 0.35
- 均等割 ＝ あなたの世帯の40～64歳で国民健康保険加入者の人の人数 × 12,000円

※介護分の年間の最高限度額は8万円です。

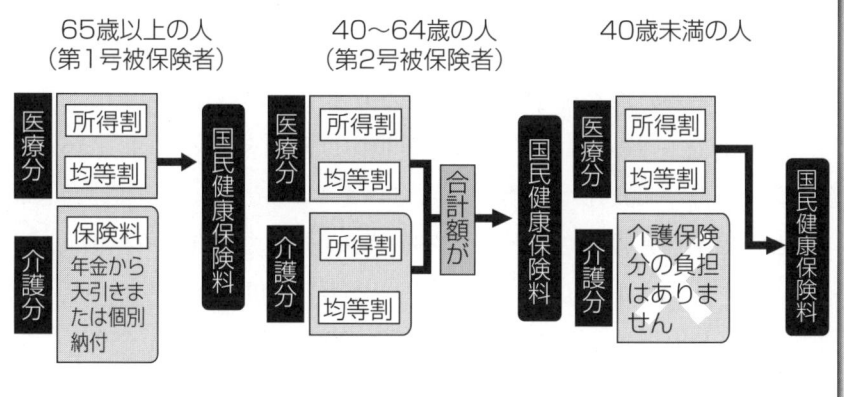

65歳以上の人（第1号被保険者）
- 医療分：所得割／均等割 → 国民健康保険料
- 介護分：保険料 年金から天引きまたは個別納付

40～64歳の人（第2号被保険者）
- 医療分：所得割／均等割
- 介護分：所得割／均等割
- 合計額が → 国民健康保険料

40歳未満の人
- 医療分：所得割／均等割 → 国民健康保険料
- 介護分：介護保険分の負担はありません

注1　介護保険の第2号被保険者となる（資格ができる日）のは、40歳の誕生日の前日
　2　市区町村によって計算は異なる

69 高額療養費の考え方

Q 高額療養費という言葉を耳にしましたが、それはどういったものか教えてください。

A 被保険者本人・被扶養者とも、1か月の窓口負担額が自己負担限度額を超えたときは、超えた分が被保険者の請求によって払い戻されるのが高額療養費です。

　被保険者本人・被扶養者ともに同一の医療機関での1人1か月の負担した額がある限度額を超えたときに、その超えた額を被保険者の請求により払い戻すことを「高額療養費」といいます。このときの窓口負担には、一部負担額や家族療養費の自己負担額をはじめ、特定療養費の自己負担額、訪問看護療養費の基本利用料も対象になります。

　70歳未満で一般の人の場合、自己負担限度額は8万100円＋（かかった医療費－26万7,000円）×1％になっています。

　たとえば1か月のうちかかった医療費が50万円で、自己負担額（3割）15万円とすると、8万100円＋（50万円－26万7,000円）×1％＝8万2,430円になり、15万円－8万2,430円＝6万7,570円が払い戻される額になります。自己負担は年間4回目以降は軽減されます。

Point 自己負担限度額は所得に応じて3つに区分されており、一般・上位所得者・低所得世帯に分かれています。

図表69 高額療養費の考え方

1か月の窓口負担額が自己負担限度額を超えたとき、超えた分が払い戻される

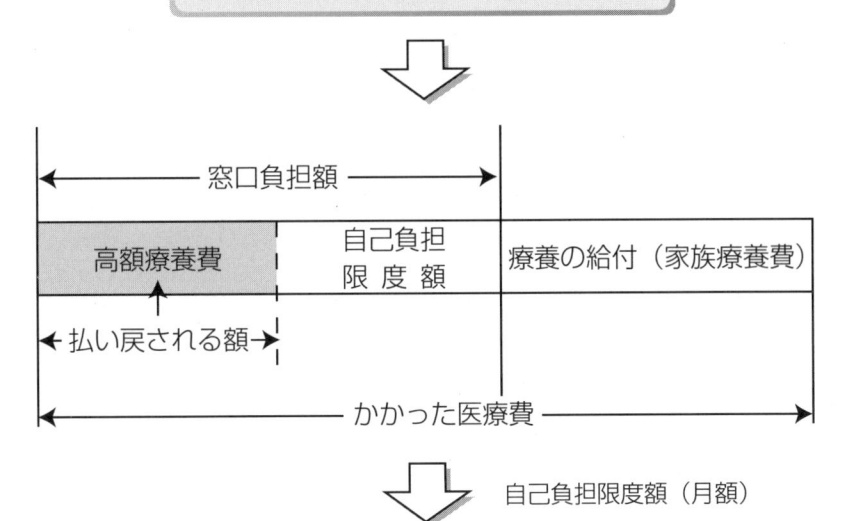

⇓

窓口負担額		療養の給付（家族療養費）
高額療養費	自己負担限度額	
←払い戻される額→		

←――――――― かかった医療費 ―――――――→

⇓ 自己負担限度額（月額）

区 分	3回目まで	4回目以降
一 般	80,100円＋（かかった医療費－267,000円）×1％	44,400円
上位所得者※1	150,000円＋（かかった医療費－500,000円）×1％	83,400円
低所得者※2	35,400円	24,600円

※1 上位所得者とは、月収53万円以上の人
※2 低所得者とは、住民税非課税の人

70 老人保健制度とはどういったものか

Q 老人保健制度とはどういったものなのか教えてください。

A 75歳以上（平成14年9月までに70歳以上の人を含む、寝たきりの状態にある人は65歳以上）のお年寄りは、老人保健制度の医療を受けます。その費用は、公費と医療保険制度の各保険者の拠出金によってまかなわれます。この制度の実施主体は市区町村になります。

　老人保健制度は、75歳以上（寝たきり等の状態にある人は65歳以上）の人を対象に、国民健康保険・健康保険などの各種医療保険に加入したまま、被保険者または被扶養者の適用を受けることができる医療制度です。この制度は市区町村が主体となって運営しているので、費用は市区町村が支出します。

　平成14年10月1日以降に70歳の誕生日を迎えた被保険者等については、老人保健の適用が75歳になったことから、負担増とならないようにするため（健康保険の場合）、「健康保険高齢受給者証」（船員保険の場合は「船員保険高齢受給者証」）が交付されます。また、この高齢受給者証は、70歳の誕生日の翌月（誕生日が月の初日の場合はその月）から使用できます（平成14年9月30日以前に70歳の誕生日を迎えた人は、平成14年10月より、老人保健の医療受給対象者として市区町村から「医療受給者証」が交付されています）。医療機関で診察を受けるときには、この「健康保険高齢受給者証」と「健康保険被保険者証」を提示します。

> **Point** 平成18年10月から、70歳以上の長期入院者の食住費の一部負担が、住居費を含めて全額自己負担になりました。

なお、65歳をすぎて寝たきりになって老人保健制度の適用を受けるときは、市区町村に認定を申請すれば、療養に必要な費用が支給されます。

医療機関の窓口では医療費の1割または2割（入院については限度額があります）を支払い、その合計額が1か月に患者負担限度額を超えた場合、その額が払い戻されます（平成18年10月より「現役並み所得者」は、医療費負担は2割から3割になります）。

図表70　老人保健制度

原則75歳以上の人が該当

⇓　一部負担金

一　般	1　割
現役並み所得者[※1]	3　割

⇓　自己負担限度額（月額）

区　分	患者負担限度額	
	外　来 （個人ごとに計算）	世帯単位で入院と外来が複数あった場合は合算
現役並み所得者[※1]	44,400円	80,100円＋（かかった医療費－267,000円）×1％〔44,400円〕[※4]
一　般	12,000円	44,400円
低所得者 Ⅱ[※2]	8,000円	24,600円
低所得者 Ⅰ[※3]	8,000円	15,000円

※1　現役並み所得者とは、課税所得145万円以上（月収28万円以上）の人など
※2　低所得者Ⅱとは、住民税非課税世帯の人
※3　低所得者Ⅰとは、住民税非課税世帯で世帯員の所得が一定基準に満たない人
※4　〔　〕内数字44,400円は年4回以上、高額医療費を受けた場合の4回目以降の患者負担限度額

71　介護保険の仕組み

Q 介護保険はどういったものでしょうか。

A 平成12年4月から新たな社会保険の仕組として介護保険制度が実施されています。介護保険は、保険・医療・福祉に分かれていた高齢者の介護施策を統合して、介護が必要な状態となってもできるだけ自立した日常生活が営めるよう、効率的で一体的な介護サービスです。

　介護保険の被保険者は、その市区町村に住所のある40歳以上の人で、年齢によって2種類に大きく分けられます。①第1号被保険者＝65歳以上の人、②第2号被保険者＝40歳以上65歳未満の医療保険加入者、で健康保険や国民健康保険の加入者等が該当します。両者とも介護保険を受けるには、まず市区町村に申請して介護が必要かどうか、どの程度の介護が必要かなどについて認定を受ける必要があります。

　申請を受けた市区町村は30日以内に認定するかしないかを決めなければなりません。認定をするかしないかのために訪問調査をし、被保険者の心身の状況を調査して、主治医の意見を聞き、介護認定審査会に審査・判定を依頼し、その結果にもとづいて認定を行うという手順で要介護・要支援の認定と却下を行います。ですから介護が必要になったときには必ず手続をして給付を受けましょう。

Point 介護申請は配偶者・子または専門家に依頼してもできます。申請しないと介護給付は絶対に受けられません。

図表71　介護保険の仕組み

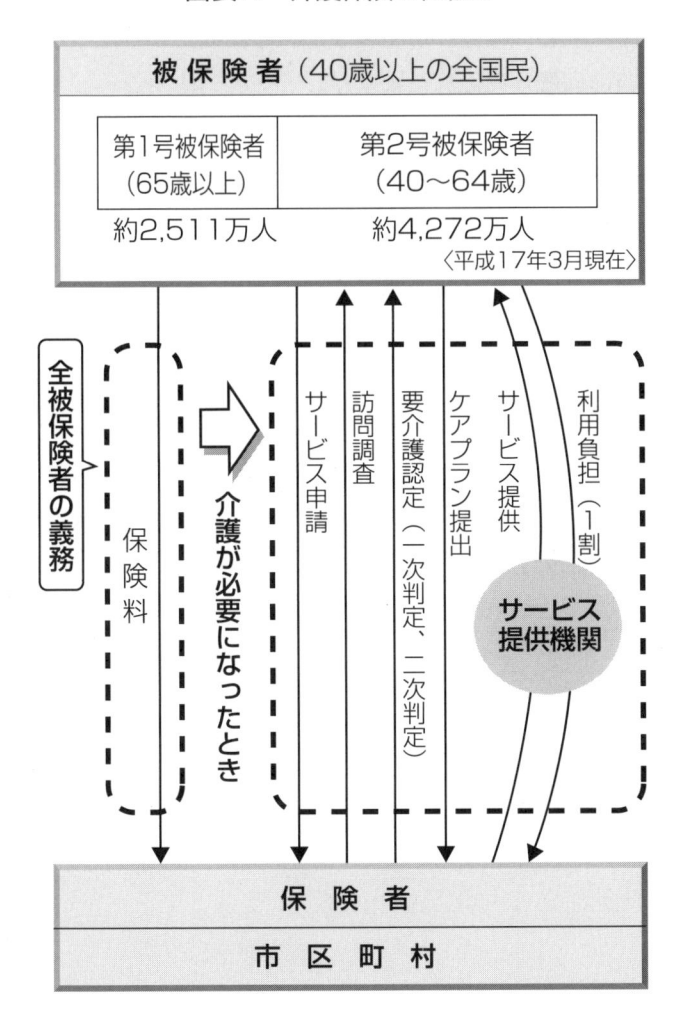

被保険者（40歳以上の全国民）	
第1号被保険者 （65歳以上）	第2号被保険者 （40～64歳）
約2,511万人	約4,272万人

〈平成17年3月現在〉

全被保険者の義務：保険料、介護が必要になったとき

被保険者からの流れ：
- サービス申請
- 訪問調査
- 要介護認定（一次判定、二次判定）
- ケアプラン提出
- サービス提供
- 利用負担（1割）

サービス提供機関

保険者
市区町村

72 介護保険料の徴収

Q 介護保険料は年金からも徴収されると聞きましたが本当ですか。徴収は何歳からになりますか。

A 介護保険料はもちろん年金からも徴収され、第1号被保険者の場合、65歳からの老齢（退職）年金、障害年金、遺族年金から天引きで徴収されるのが原則です。

　介護保険の被保険者は、第1号被保険者（65歳以上）と第2号被保険者（65歳未満）に区分されます。区分の内容で介護保険料の徴収方法が異なります。第2号被保険者は健康保険・国民健康保険の医療保険に上乗せして徴収されますが、第1号被保険者（65歳以上）は公的年金からの徴収となります。

　老齢（退職）年金、障害年金、遺族年金の年金額がその年の4月1日現在で年額18万円未満の場合は、市区町村が個別に徴収（普通徴収）します。

Point 第1号被保険者の保険料は65歳からの年金から徴収される（前払い）ことになり、2か月分を徴収されますから、その分、年金の振込額が減少することになります。

図表72 介護保険料の徴収

介護保険料は、65歳未満は健康保険料等といっしょに徴収される

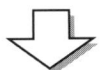

⇩

65歳になるとほとんどの人はリタイアするので、健康保険料等と一緒に徴収することができなくなる

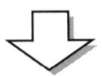

⇩

完全に徴収する方法として、年金から徴収する（特別徴収）

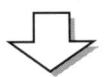

⇩

ただし、年間18万円以上の人が対象になり、それ以外は個別に徴収する（普通徴収）

73　65歳前に介護保険は使えるか

Q 65歳になる前から介護保険を使うことはできるのでしょうか。

A 第2号被保険者は（40歳から65歳未満の人）は介護保険料を支払っていますが、給付の面では特定疾病（図表73参照）に該当していないと介護保険は使用できません。非常に不合理な制度になっています。

　介護保険制度では、40歳から65歳未満は介護保険料を支払うのみになっています。保険料を支払うのですから、給付が付かない制度は誰が考えてもおかしな制度であり、国も苦肉の策からか、40歳から65歳未満で給付の対象となる病気として図表73の特定疾病を挙げただけとなっています。どうも第2号被保険者には介護保険料のみを支払ってほしいだけであり、その証拠に介護保険証は交付していません。図表73の疾病に該当したら介護の申請は第1号被保険者と同一です（Q71参照）。サービスの申請を行い、訪問調査、要介護認定（一次判定・二次判定）を行い要介護認定されると、要介護状態区分が記された介護保険証が発行されます。ですから、図表73の疾病に該当するかどうかが鍵になります。

Point 第2号被保険者は次頁の特定疾病に該当しないと給付はありません。その場合、65歳になるまでは介護保険は使えません。

図表73　65歳未満で介護保険を受けられる特定疾病

> 65歳未満は、介護サービス申請を出しても特定疾病に該当しないとサービスは受けられない

特定疾病とは

➡ 加齢にともなって生ずる心身の変化に起因する疾病

○がん（医師が一般に認められる医学的知見に基づき回復の見込みのない状態に至ったと判断したものに限る）
○初老期における認知症
○脳血管疾患
○筋萎縮性側索硬化症
○後縦靱帯骨化症
○骨折を伴う骨粗しょう症
○多系統萎縮症
○脊髄小脳変性症
○脊柱管狭窄症
○早老症（ウェルナー症候群等）
○糖尿病性神経障害、糖尿病性腎症および糖尿病性網膜症
○進行性核上性麻痺、大脳皮質基底核変性症およびパーキンソン病
○閉塞性動脈硬化症
○関節リウマチ
○慢性閉塞性肺疾患
○両側の膝関節又は股関節に著しい変形を伴う変形性関節症

74　介護保険の利点

Q 介護保険の利点にはどういったものがあるのでしょうか。

A 平成12年4月から介護保険法が施行され、介護状態になっている人は介護サービスを受けることができるようになりました。以前は、老々介護で夫婦とも介護状態になる場合も多かったのですが、介護サービスを受けることにより、そういった家族における負担が軽減されます。

　介護保険で実施される介護サービスは、要介護者に対する介護給付と要支援者に対する予防給付に大きく分けられます。介護保険法で定められたサービスは全国共通ですが、これとは別に市区町村が第1号被保険者の介護保険料を使って独自の給付を行うこともできます。介護サービスは次のようなものがあります。

(1)　在宅に関する給付：居宅サービス等
　①訪問介護（ホームヘルプ）、②訪問入浴介護、③訪問看護、④訪問・通所のリハビリテーション、⑤医師等による療養管理指導、⑥通所介護（デイ・サービス）、⑦短期入所（ショートステイ）、⑧認知症要介護者のグループホームでの介護等

(2)　施設サービス
　①介護老人福祉施設（特別養護老人ホーム）、②介護老人保健施設等の保健給付

Point 市区町村（各自治体）が保険者であり、責任をもって要介護状態区分に応じて介護サービスの提供を行ってくれます。

一般的には訪問介護（ホームヘルパー）や訪問入浴介護が多く、要介護状態区分によって給付の割合が違ってきます。このように介護者を介護することは非常に大変なことであり、市町村（自治体）から認定を受けた介護を必要とする人たちに対して介護サービスが実施されています。

図表74　介護保険のサービス

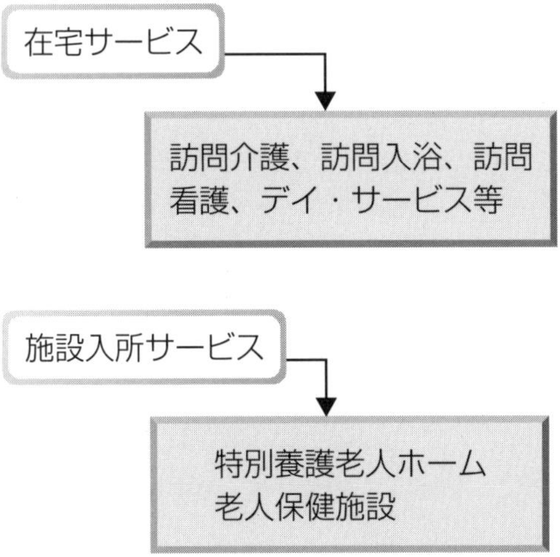

在宅サービス → 訪問介護、訪問入浴、訪問看護、デイ・サービス等

施設入所サービス → 特別養護老人ホーム　老人保健施設

[Part 6] ライフプランと税金

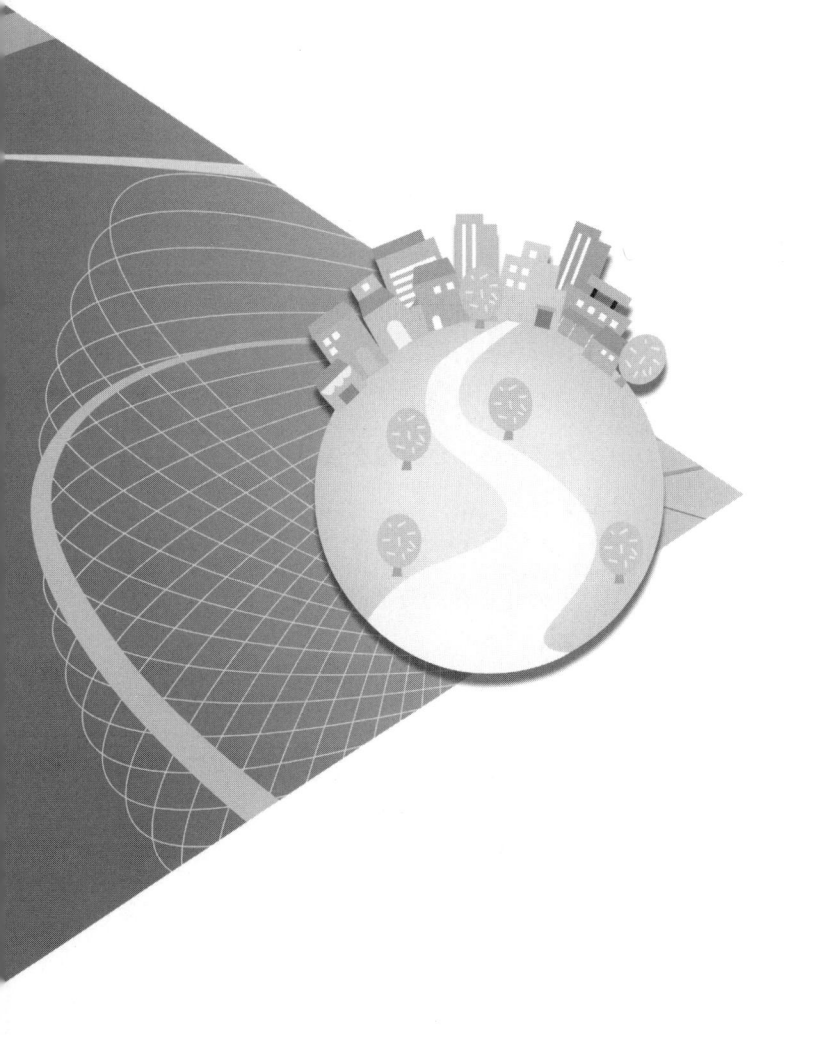

75 老後の生活に必要な資金の額は

Q もうすぐ60歳で定年となりますが、今後の老後の生活にはどれくらいの資金が必要であると考えておけばいいのでしょうか。

A もちろん個人差はありますが、必要な資金としては1億円から1億5,000万円程度ではないでしょうか。60歳で完全にリタイアすると仮定して、少なくともあと15年ぐらいは老後の生活が続くと予想されます。夫婦2人で月額30万円が「ギリギリの生活ライン」、できるなら月額40万円は確保して「少しゆとりのある生活」をすごしたいものです。

　日本人の平均寿命は男性が約78歳、女性が約85歳となっており、老後にかかる費用も、寿命の長さに比例してそれだけ大きくなっています。したがって、老後に必要な資金はどれくらいかを把握して、資産形成の目標額を今のうちから想定しておくことは重要です。
　たとえば、持ち家のローン返済を終えた夫婦をモデルに、老後に必要な資金について計算してみましょう。

《計算例》
　2人の生活費を月30万円、夫の死亡後の妻の生活費を月18万円（2人の生活費30万円×60％）と仮定します。
　① 夫60〜78歳（男性の平均寿命）、妻57〜75歳までの夫婦の生活費は（30万円×12月）×18年＝6,480万円

Point 現役時代と定年後では、必要となる支出が変わってくるうえに収入源も限られてきます。現在の毎月の生活費を分析し、定年後の生活に備えて今のうちからしっかりと準備しておくことが必要です。

② 妻76〜85歳（女性の平均寿命）までの1人の生活費は（18万円×12月）×10年＝2,160万円
③ ①＋②＝8,640万円

もし、上記のモデルよりゆとりある生活を望むであれば、1か月の生活費を40万円として1億1,520万円が必要となります。

図表75　老後の生活に必要な資金の目安

月平均の生活費の例（持ち家あり、住宅ローン完済）

項　目	金　額
食　費	65,000円
交際費	35,000円
交通通信費	35,000円
教養娯楽費	30,000円
住居費	24,000円
被服費	20,000円
水道光熱費	15,000円
家具家事用品	12,000円
保険医療費	10,000円
雑　費	54,000円
合　計	300,000円

＊各種統計資料より筆者が作成

老後に必要な資金の計算（概要）

	20　年	30　年
月　額 30万円	30万円×12か月×20年 ＝7,200万円	30万円×12か月×30年 ＝10,800万円
月　額 40万円	40万円×12か月×20年 ＝9,600万円	40万円×12か月×30年 ＝14,400万円

76 老後のための資金プランの作成

Q 老後のための資金プラン作成において重要なポイントには何があるのでしょうか。

A 充実したセカンドライフをおくるには、経済的な基盤がきちんとしていることが重要です。そのためには、まずセカンドライフの設計図を描き、生活や趣味などに使う費用、介護や病気への備えなど、目的ごとにお金を準備しておくことが重要となります。

　老後の生活を豊かにおくるには、老後のプランを若いときから計画しておくことが必要ですが、その前提として図表76－3のような「セカンドライフ表」(187頁)を作成しておくのがいいでしょう。また、セカンドライフを考えるにあたっては、図表76－1・2（186頁）のとおり、現時点の家計のバランスシートを作成し、図表76－4のような収支の見通し(187頁)を立てるのもポイントのひとつになります。なお、見通しを立てるにあたっては、次のような内容を判断の目安として織り込んでおくことも重要になります。

■引退後の生活は？
- 何歳まで働くか……………………60歳の定年まで働く
- 妻は何歳で、職業は何か…………専業主婦で55歳
- 生活水準はどうするか……………現状を維持したい

Point セカンドライフの設計でイベントを書き込むときは、夫婦や子どもと話し合いながら一緒に作成するといいでしょう。また、セカンドライフに関する相談相手を見つけて不安を解消することも一法です。

■生活費の試算
- 自分は何歳まで生きると思うか…80歳まで。60歳定年であれば、セカンドライフは20年
- 自分の死後の妻の寿命は…………自分の死後から8年は生きると仮定
- 引退時点で子は独立しているか…独立し別居
- 引退時点での住宅ローンは………住宅ローンは完済
- 住宅ローンを除く現在の生活費…月40万円。妻1人では約60％と仮定する

■引退後のイベントあるいはリスク
- 子の結婚資金を援助するのか……一人娘の結婚に200万円援助
- 夫婦で海外旅行する計画は………1回の費用を100万円程度として、できれば72歳までに2回はしたい
- 住宅のリフォーム予定はあるか…約1,000万円までのリフォームを行いたい
- 車の買換えは……………………200万円程度の予算で買換えを計画
- 家族の病気やケガなど……………万一を考え、予備費として1,000万円程度は準備

■収入の把握
- 公的年金の受取額は………………公的年金は約5,000万円(20年分を想定)
- 企業年金（退職金など）の金額　…退職金2,000万円
- 個人年金は…………………………個人年金1,000万円（20年分を想定）
- 生命保険は…………………………死亡保険金は2,500万円
- 定年後の再就職は…………………予定なし

■遺産相続など
- 親からの相続は……………………ある程度の相続（500万円程度）が期待できるので、遺言状の作成を依頼
- 親の介護など………………………費用負担が少し出そう。とりあえず300万円を想定

図表76-1 わが家の財産調べ

資　　産		負債および純資産	
現金預金	2,000	借入金（社内融資）	500
株券・債権・投資信託	1,500	借入金（金融機関）	2,500
積立型保険	1,500	自動車ローン	100
ゴルフ会員権・リゾート会員権	100	その他債務	100
自動車	100	負債合計（②）	3,200
運用している不動産	0	純資産（①－②）	6,000
自宅（土地など）	4,000		
そのほか	0		
資産合計（①）	9,200	負債および純資産合計	9,200

※1　すべて時価評価。単位は万円
※2　「資産－負債＝純資産」である

図表76-2　わが家の金融資産とローンの状況

金融資産		ローンおよび純資産	
現金預金	2,000	借入金	3,000
株券・債権・投資信託	1,500	自動車ローン	100
積立型保険	1,500	その他債務	100
		ローン合計（②）	3,200
		純金融資産（①－②）	1,800
金融資産合計（①）	5,000	ローンおよび純資産合計（②）	5,000

※　すべて時価評価。単位は万円

図表76-3　セカンドライフ表

夫の年齢	予想イベント	妻の年齢
60	セカンドライフスタート	55
61		56
62	夫婦で海外旅行（約100万円）	57
63		58
64		59
65	娘の結婚（約200万円）	60
66		61
67	車の買換え（約200万円）	62
68	孫の誕生（状況に応じて援助）	63
69		64
70	自宅のリフォーム（約1,000万円）	65
71		66
72	夫婦で海外旅行（約100万円）	67
73		68
74		69
75		70
76		71
77		72
78		73
79		74
80		75
↑自分が生きると思う年齢まで記入		76
		77
		78
		79
		80
		81
		82
	妻が生きると思う年齢まで記入→	83

図表76-4　老後の収支予想

	項目	金額
収入	純金融資産	1,800
	予定収入（公的年金）	5,000
	予定収入（個人年金等）	1,000
	退職金	2,000
	死亡保険金	2,500
	親からの相続	500
	資産合計（①）	12,800
予定支出	生活費※1	9,600
	生活費※2	2,300
	結婚準備資金	200
	住宅リフォーム	1,000
	自動車購入費	200
	海外旅行（2回分）	200
	親の介護費用	300
	予備費	1,000
	予定支出合計（②）	14,800
	収支差額（①－②）	－2,000

※1　（月40万円×12か月）×20年
※2　（月24万円×12か月）×8年
※3　すべて時価評価。単位は万円

現時点での収支の見通しは、上記のとおり2,000万円の赤字となることから、この2,000万円の赤字は定年までに解消しなければなりません。予定の支出のなかで削減が可能なものについては、優先順位をつけて削減していくことも重要です。

77　老後の生活におけるリスク

Q 老後の生活におけるリスクにはどういったものがあるのでしょうか。

A 老後の生活におけるリスクには、大きく分けると「死亡にともなうリスク」「長生きにともなうリスク」「病気・ケガにともなうリスク」があります。それぞれのリスクに対して、国の保障や企業の保障がありますが、リスクの大きさに対し、国の保障や企業の保障で不足する場合、その部分は自助努力でカバーしなければなりません。

　国の保障としては、公的年金や医療保険などがあり、現在、会社等に勤めている場合は労災保険が、また企業の保障としては死亡退職金、弔慰金、退職一時金、退職年金などがあります。
　保障が不足する場合は、個々人の自助努力が必要となりますが、現在の準備済資金や今後の収入予定額を予想計算し、なお不足するものがあれば、資金運用（生命保険など）でカバーすることになります。
　たとえば図表77の②のようなケースでは、長生きをすることによって支出である夫婦2人分の生活費等が大きくなる一方で、収入である公的保障や企業保障には限りがあることから、場合によっては不足分が生じかねないというリスクが生じます。その不足分を「必要補償額」として十二分に意識しておき、現役のときから自助努力によってカバーしておくことが求

Point ゆとりあるセカンドライフを実現するには、現役時代から定年後を意識した資金計画を立てることも重要ですが、老後の生活における各種のリスクを把握しておくことも大切です。

められるということなのです。

図表77　老後の生活におけるリスク

① 死亡にともなうリスク

〔収　入〕	〔支　出〕
公的保障 （遺族厚生年金） （遺族基礎年金） （妻の老齢基礎年金）	末子独立までの遺族の生活費
企業保障 （死亡退職金、弔慰金）	末子独立後の妻の生活費
現在の貯蓄、妻の収入見込 （年収×働く年数）	孫の教育費 結婚援助費用
必要補償額	葬儀費用 緊急予備費

② 長生きにともなうリスク

〔収　入〕	〔支　出〕
公的保障 （夫と妻の老齢年金）	老後の生活資金 （夫婦2人の期間分）
企業保障 （退職一時金） （退職年金）	
退職時点での金融資産、妻の収入見込	老後の生活資金 （妻1人の期間分）
必要補償額	

③ 病気・ケガにともなうリスク

〔収　入〕	〔支　出〕
保険金等で支払われる金額	医療費の総額 （各保険の適用外の医療費も含む）
自己負担額 （準備すべき金額）	

77 老後の生活におけるリスク　189

78 退職金を運用するにあたっての注意点

Q 退職金の運用を考える場合には、どんなところに注意すべきでしょうか。

A 退職金はセカンドライフの大切な生活資金であることから、運用は「減らさない」ことを優先させるのがポイントになります。それぞれの資産運用商品には、期待できる収益性（リターン）と危険度（リスク）がありますから、できるだけリスクを小さくするという観点から、分散して投資することが必要です。

　退職後必要となる資金には、毎月の生活を維持するための生活密着資金と、すぐには使う予定のない余裕資金に分けられます。つまり、①老後の生活を維持する資金、②病気・事故などに備える資金、③子供への援助資金、④老後のゆとりを実現するための資金、⑤老後の住宅資金、⑥自分の死後に家族に残す資金、などの目的別に分類できるということであり、その目的別に「流動性（必要なときいつでも換金できる）」「安全性」「利殖性」を勘案して運用商品を選択することが重要になります。

① 老後の生活を維持する資金＝流動性
② 病気・事故などに備える資金＝流動性
③ 子供への援助資金＝安全性
④ 老後のゆとりを実現するための資金＝利殖性
⑤ 老後の住宅資金＝安全性

Point 通常は目的があってはじめて効果的な手段（運用）がとれるものなので、まず資金運用の目的、時期、金額など明確にすることが大切です。

⑥　自分の死後に家族に残す資金＝安全性

　高い運用利回りを求めるとそれだけリスクも大きくなります。運用できる期間も合わせて計画的に行うことが大切です。

図表78　3つの観点から分類した資金運用例

流動性	普通預金、通常預金、ヒット、MMF、中期国債ファンドなど		
安全性	短期運用	1、3、6か月………………	定期預金、スーパー定期
		1年…………………………	期日指定定期預金、割引金融債、抵当証券など
		期間を選ばないもの………	MMF、中期国債ファンド、ヒットなど
	中・長期運用	3年…………………………	大口定期預金、期日指定定期預金など
		5年…………………………	大口定期預金、貸付信託、金銭信託、ビック、利付金融債、一時払養老保険など
		10年………………………	大口定期預金、長期国債、一時払養老保険など
		期間を選ばないもの………	定期預金、公社債投信など
利殖性	株式など…………………………		株式、転換社債など
	投資信託…………………………		株式投資信託など
	外貨建商品………………………		外国株式、外国債券、外貨預金など
	金…………………………………		金現物、金貨など

79 具体的な退職金の運用方法とは

Q 退職金の運用には、具体的にはどんなものがあるのでしょうか。

A 資金を運用する手段はたくさんありますが、主なものは次のとおりです。①外資系銀行やネット銀行の高金利預金、②投資信託、③変額年金保険、④株式投資、⑤外貨建て資産投資、⑥不動産投資信託、⑦新型の個人向け国債、⑧金投資、⑨不動産投資（マンション経営など）など。

　退職金の運用においては、種々の投資の仕方があり、また投資運用商品もたくさんありますが、それぞれの特徴なり、仕組みなり、安全性・収益性を十分に吟味してから投資を行うべきものです。その際、少額ずつ時期を分けて投資したり、株式や債券、円建てと外貨建てなどに分散したりすることも大切です。

　個人向け国債など変動金利型でインフレに備えることも必要ですし、住宅ローンを抱えたままの投資は避けるべきでしょう。まずはローンの返済が先で、投資はその後に行うべきものです。失敗しないために十分な準備や研究が不可欠となります。

Point 老後資金の運用は目的別に手堅く、金融商品のリスクを知って分散投資をすることが重要です。

図表79　各運用手段の特徴や注意点

外資系銀行やネット銀行の預金	高金利であるが、その仕組みや経営状態が健全かチェックする必要がある
投資信託	「毎月分配型」とか「リスク限定型」とか、その種類は豊富である。内容を吟味せず購入するのは禁物
変動保険	運用の良し悪しや金融情勢次第で年金が増えたり、減ったりする。中途解約はペナルティーがあるので、余裕資金の長期運用で行うものである
株式投資	中途半端な知識や情報で手を出すのは避けるべき。配当目当の投資では企業の経営体質や健全性を考慮して行うこと。余裕資金の長期運用で行うもの
外貨建の資産投資	為替変動があることや仕組みを十分に理解すること。外貨預金は預金保険の対象外であるので注意
不動産投資信託	一般の株式に比べ、分配金が安定しており、配当利回りが高い。不動産市況が分配金に影響するので、長期で保有するのに向いている
新型の個人向け国債	満期10年で10万円から購入可能。利息の支払いは年2回、金利が半年に一度、実勢金利に応じて見直されるのでインフレにも対応できる
金投資	国際商品で流動性（換金性）の高い稀少性商品なので、無価値にならない強みがあるが、価格は日々変動しており、為替相場にも影響される。先物取引や証拠金取引は、ハイリスク・ハイリターンで、資産保全の効果はない
不動産投資	たとえばマンション経営は、一定期間安定した賃貸収入を期待できるが、実質利回りで物件を判断すべきものであり、物件売却時の値上り益（キャピタルゲイン）はあまり期待しないほうがよい。投資は頭金を高めにしローンの負担は最小限にして、金利負担を軽くしておくことも大切。高水準の家賃収入を確保するには、物件の管理状況を良好に保つこともポイントである

80 退職金による住宅ローン一括返済は損か得か

Q 近く定年退職をする予定ですが、いまだ住宅ローンが残っています。老後の生活を考えると、退職金等を使ってあわてて無理して返済するより、毎月コツコツ返済していったほうがいいように思えるのですが、本当のところはどう判断すべきなのでしょうか。

A 住宅ローンの金利のほうが退職金運用の金利より高い昨今、やはり住宅ローンの残債は、可能であるなら退職金で返済してしまいたいものです。

　住宅ローンは、いくら低金利の時代といっても2％以上の金利を払っているでしょう。たとえば、退職金を0.1％で運用しながら、2％の金利で住宅ローンを支払っているようでは、結果的に財産はどんどん目減りしていきます。老後にムダな支払いを避けるという観点からも、やはり住宅ローンは退職金等で一括返済を心がけるべきでしょう。住宅ローンの一括返済ができてしまえば、一括返済によって減った月々の金利負担額を、そのまま資産運用に回すことも可能になります。

　なお、住宅金融公庫から借入れをしている場合は、自分に万一の事があったときに残債を弁済してくれる団体信用生命保険に加入していることになりますが、その生命保険も70歳を超えると脱退しなければなりません。そうしますと、70歳以降も住宅ローンが残ってしまう可能性もありますので、やはり早く返済したほうがよいでしょう。

> **Point** 定年退職前の早い時期から、ローンの返済の見直し（繰上げ返済や条件変更（借換え））で、トータルの返済額を減らすことも大切です。

図表80　返済期間による毎月返済額と総返済額

期　間	毎月返済額	総返済額
20 年	121,197円	2,908万円
25 年	105,568円	3,167万円
30 年	95,484円	3,437万円
35 年	88,555円	3,719万円

※　借入金額2,000万円、金利4％、元利均等返済の場合

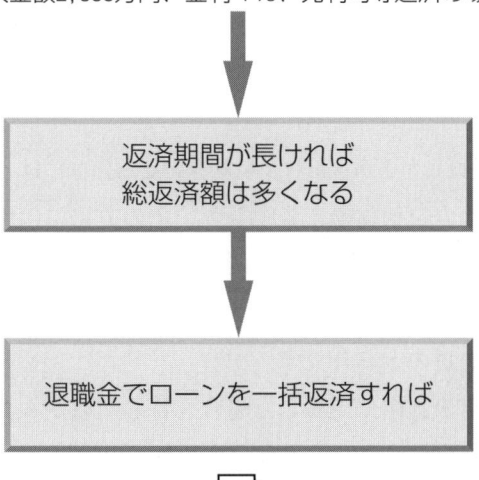

↓

返済期間が長ければ
総返済額は多くなる

↓

退職金でローンを一括返済すれば

⇩

- 金利負担分を資産運用できる
- 総返済額を小さくできる

81　退職による住民税の一括支払い

Q 私は、近く定年退職をしますが、退職する月により、住民税はまとめて支払ったほうが得になるというようなことがあるのでしょうか。

A 退職により特別徴収（いわゆる天引き）ができなくなった住民税の残りは、市区町村から送付される納税通知書により納付します。この場合、その税金を一括払いするか・分割で（納期限ごとに）支払うかに差はなく、一括払いによる報奨金の交付もありません。

　住民税（都道府県民税と市区町村民税を合わせた総称）は、1月1日現在の住所地をもとに地方自治体から課税され、その方法には所得割と均等割の2つがあります。「所得割」は前年の所得金額に応じて課税されるもので、「均等割」は所得金額にかかわらず定額で課税されます。納める額と納める時期と方法は次頁のとおりです。

　給与所得者が年の途中で退職した場合、特別徴収から普通徴収になり、納税通知書により自分で納付します。普通徴収の納期は一般の場合、6月、8月、10月および翌年1月の4回に分けられ、年税額をそれぞれ4分の1ずつ納付するものですが、年税額すべてを1回で納付する、あるいは2期分ずつ合わせて納付することもできます。しかし、納期前にすべて納付しても、現在は報奨金は交付されません。

　なお、以下の場合には特別徴収で納付することができます。

Point 4月に退職するか、6月に退職するかにより住民税の納付方法は変わります。納期限をすぎ1か月経過すると、年14.6％の延滞金が課されますので注意が必要です。

① 新しい会社に就職し、引き続き特別徴収の申し出をした場合
② 6月1日から12月31日までの間に退職した人で、残余の税額を退職月の給与や退職金からまとめて特別徴収の申し出をした場合
③ 翌年1月1日から4月10日までの間に退職した人で、①に該当しない場合

図表81　個人の住民税

[住民税を納める方]
　1月1日現在、各都道府県市町村に住所のある方で、所得割と均等割が課税されます。

[納める額]
① 所得割額
　（前年の総所得金額等－所得控除額）×税率－税額控除額－定率減税

課税所得金額	都民税（県民税）		市区町村民税	
	税率	速算控除額	税率	速算控除額
200万円以下	2％	―	3％	―
200万円超700万円以下			8％	10万円
700万円超	3％	7万円	10％	24万円

② 均等割額
　都民税額（1,000円）＋市区町村民税（3,000円）
　※　平成16年度より、市区町村民税の均等割は、人口段階別の税率区分が廃止され、3,000円に統一されました

[納める時期と方法]
① 給与所得者以外は、市区町村から送付される納税通知書で、年4回に分けて納付。
② 給与所得者は、6月から翌年5月までの毎月の給与から特別徴収（いわゆる天引き）されます。

82　年の途中で退職したときの税金の取扱いは

Q 私は、本年10月に定年で会社を退職しました。年の途中で退職をした場合、確定申告をすれば税金が戻ってくると聞いたことがありますが、本当でしょうか。

A 定年などで年の途中で退職し、年末まで再就職せず、退職まで毎月の給与から所得税が源泉徴収された人は、確定申告をすれば、税金が還付される可能性があります。なお、年末までに再就職した人は、年末に勤務している会社で年末調整されますから、税金は精算されます。

　ご質問の内容はおそらく所得税のことと思われます。所得税は、その年1年間（暦年）の所得について年税額を計算し、納税するものです。給与を支給する会社等は、毎月の給与から一定の所得税を天引きして、給与を支払うように定められており、これを源泉徴収といいます。

　源泉徴収される所得税は、毎月ほぼ同じ額の給与を1年間支給したら「年税額はこれくらい」という見込額を前提に計算されています。月々徴収される所得税はあくまでも概算額ですし、徴収にあたり、支払った生命保険料があるといった個々の事情（各種の所得控除など）はほとんど考慮されていません。したがって、源泉徴収による税額と正規の年税額との間には、どうしてもズレが生じます。このズレを修正する手続が「年末調整」です。

　年末調整は企業が年末に勤務している人を対象に行いますので、年末に

> **Point** 退職後に個人加入し支払った国民健康保険、国民年金の保険料は社会保険料控除に加算します。失業保険の給付金は非課税となり、確定申告の対象とする必要はありません。

勤務していない人はその機会がなく、自分で確定申告を行い精算する必要があります。年の途中で定年退職した人は、1年間を通じて毎月同じ額の給与がある、ということを前提に源泉徴収されたものに比べ、実際の年収は少ないのですから、ほとんどの人が余分に源泉徴収されていることになります。したがって確定申告により、納めたままになっている余分な税金を取り戻せることになります。

《計算例》

- 本年10月末退職、現在無職。家族は妻（収入なし）、長女（15歳）
- 退職後の11月・12月分の国民年金2万6,000円、健康保険料8万4,000円、生命保険料（一般）18万円、個人年金保険料24万円、損害保険料（掛捨）1万6,000円、医療費18万円
- 会社から発行された本年分の源泉徴収票によると支払金額600万円、源泉徴収額26万4,800円、社会保険料等の金額66万6,250円

図表82　所得税の計算

	項　目	金　額	補足事項
所得	給与所得	4,260,000	給与収入6,000,000円－給与所得控除1,740,000円
	所得合計（①）	4,260,000	
所得から差し引かれる金額	医療費控除	80,000	医療費支払負担額180,000円
	社会保険料控除	776,250	給与分666,250円＋国民年金26,000円＋国民健康保険84,000円
	生命保険料控除	100,000	生命保険一般の個人年金保険料
	損害保険料控除	3,000	損害保険料
	配偶者控除	380,000	妻
	扶養控除	380,000	長女
	基礎控除	380,000	本人
	控除合計（②）	2,099,250	
税金の計算	課税所得金額（③）	2,160,000	①－②＝③（千円未満は切捨て）
	所得税（④）	216,000	③×10%（所得税率）（定率減税は考慮しない）
	源泉徴収税（⑤）	264,800	会社発行の源泉徴収票に記載されている
	差引納税額（⑥）	－48,800	④－⑤。マイナスの場合は還付される

83 退職金に課せられる税金の種類

Q 退職金にかかる税金について教えてください。

A 退職金にかかる税金は所得税と住民税で、退職金の性格が長年の勤務に対する報奨的給与を一時に支払うものであることなどから、退職所得控除を設ける、あるいは他の所得と分離して課税されるなど、税負担が軽くすむように配慮されています。

勤務先を退職する際に一時に受け取る退職手当や退職金、一時恩給などを「退職所得」といいます。これらは、長年にわたって勤務したことによる慰労金もしくは給与の後払い的な性格と、老後の生活を保障する性格を持っていますので、一時に収入があったからといって他の所得と総合して超過累進税率を適用すると重税になります。

そこで、税額計算においては他の所得と区別して特別の軽減がはかられています。つまり、退職金（退職所得）から退職所得控除額を差し引いた残額の2分の1に税率を乗じて計算します。税率は総合課税の税率が適用されます。

《計算例》30年勤務した人が退職金を2,500万円もらった場合（図表83参照）

① 退職所得控除額
   800万円 + （70万円 × （30年 − 20年））= 1,500万円
② 退職所得金額

Point 退職金についての所得税と住民税は会社で源泉徴収されると納税は終了しますが、退職後の住民税は、前年度の収入に基づき計算されるため、思ったよりも多額になるので注意が必要です。

(2,500万円 − ①) × 2分の1 = 500万円
③ 上記退職金に課税される所得税
500万円（②） × 税率20% − 控除額33万円 = 67万円
④ 住民税
500万円（②） × 税率10% − 控除額10万円 = 40万円
⑤ 退職金にかかる税金
所得税67万円 + 住民税40万円 = 107万円

　退職の月までに、勤務先に「退職所得の受給に関する申告書」を提出すると、退職金から所得税と住民税が源泉徴収され納税が終了します（Q7参照）。ただし、確定申告することで定率減税の適用があるときは、一部、税金が戻る場合があります。なお、上記申告書を提出しなかった場合は、支給のとき20%の所得税が徴収され、確定申告が必要です。

図表83　退職所得および税額の計算

○退職所得の金額
　＝（退職金の額 − 退職所得控除額）× $\frac{1}{2}$

○退職所得控除額
　退職所得控除額は退職した方の勤続年数に応じて次のようになります。

勤続年数	退職所得控除額
20年以下	40万円 × 勤続年数
20年超	800万円 + 70万円 ×（勤続年数 − 20年）

注1　勤続年数に1年未満の端数があるときは、たとえ1日でも1年として計算します
注2　上記の算式によって計算した金額が80万円未満の場合は、80万円となります
注3　障害者となったことに直接基因して退職する場合は、上記により計算した金額に、さらに100万円加算された金額になります

○税　額
　＝退職所得の金額 × 税率 − 控除額
　平成17年分所得税の税額表は次のとおりです。

課税所得金額	税率	控除額
1,000円から3,299,000円まで	0.1(10%)	0円
3,300,000円から8,999,000円まで	0.2(20%)	330,000円
9,000,000円から17,999,000円まで	0.3(30%)	1,230,000円
18,000,000円以上	0.37(37%)	2,490,000円

84　退職金の一部を年金で受け取る場合の税金

Q 退職金の一部を年金で受け取る場合、税金はどうなりますか。また、公的年金のみでも確定申告は必要なのでしょうか。

A 退職金には、退職時に一括して受け取る退職一時金のほかに、企業年金として一定期間に年金を受け取る方法があり、その収入は雑所得になります。公的年金と退職年金は控除がありますが、年金額が一定額を超える人は確定申告が必要です。

年金には、いわゆる公的年金等とそれ以外のものがあります。
公的年金等とは、
① 国民年金法、厚生年金保険法、国家公務員共済組合法などの法律の規定に基づく年金
② 恩給(一時恩給を除く)や過去の勤務に基づき使用者であった者から支給される年金
③ 確定給付企業年金契約に基づいて支給を受ける年金

などがあります。また、公的年金等以外の年金とは、生命保険契約や生命共済契約に基づく年金、互助年金などがそれにあたります。

所得の種類は雑所得ですが、公的年金は税制上優遇されており、収入金額から公的年金等控除額を差し引いた控除後の金額が得金額です。個人年金は一般の雑所得と同じように、収入金額から必要経費(その年金額に対

> **Point** 退職金を一時金で受け取るか、年金で受け取るかを考えましょう。一般に年金は、一時金に比べ支給額の総額は多くなるのですが、税金面では退職所得控除が適用されない分、不利になることがあります。

応する支払保険料）を差し引いて所得金額を求めます。

なお、公的年金等の所得計算は次のとおりで、公的年金等控除額は図表84-1のとおりです。

公的年金等の収入金額（源泉徴収票に記載）－公的年金等控除額
　　　　　　　　　　＝公的年金等に係る雑所得の金額

また、個人年金の所得計算は図表84-2のとおりです。

図表84-1　公的年金に係る雑所得の速算表

年齢区分	公的年金等の収入金額	割合	控除額
65歳未満	130万円未満	—	70万円
	130万円以上410万円未満	75%	37.5万円
	410万円以上770万円未満	85%	78.5万円
	770万円以上	95%	155.5万円
65歳以上	130万円未満	—	120万円
	130万円以上410万円未満	75%	37.5万円
	410万円以上770万円未満	85%	78.5万円
	770万円以上	95%	155.5万円

図表84-2　個人年金の所得計算

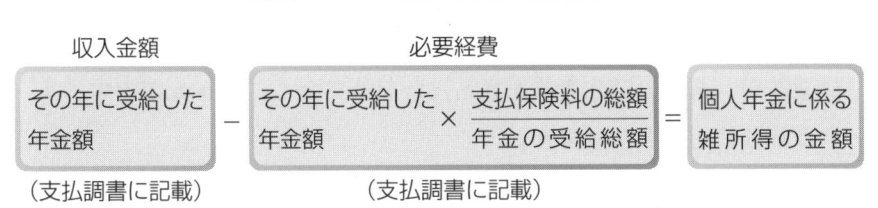

収入金額　　　　　　　　　　必要経費

その年に受給した年金額（支払調書に記載）－ その年に受給した年金額 × 支払保険料の総額／年金の受給総額（支払調書に記載）＝ 個人年金に係る雑所得の金額

85　会社に勤務している年金受給者の確定申告

Q 私は、公的年金を受給しながらある会社に勤めています。この場合、確定申告は必要なのでしょうか。

A 公的年金や個人年金を受け取りながら勤めている人は、基本的には確定申告が必要となります。年金の所得（公的年金等控除や必要経費の控除後）が20万円以下であれば、必ずしも申告する必要はありません。年金の額が20万円を超える場合は、年金の所得と給与所得を合算して、税額を計算します。

　給与所得者は年末調整で税額が精算されますので、給与以外に所得がなければ確定申告は不要です。ただし、給与所得のある人で次に掲げる場合は確定申告が必要です。

① 　1か所からの給与の支払いを受けている人で、給与所得以外の所得（退職所得は除外）の合計額が20万円を超える場合
② 　2か所以上から給与所得を受けている人で、源泉徴収されているが年末調整を受けていない従たる給与の支払者からの給与収入金額と給与以外の所得金額（退職所得を除外）の合計額が20万円を超える場合
③ 　給与等の収入金額が2,000万円を超える場合
④ 　副業（内職や専門知識などを生かして執筆や講演活動）による収入があ

Point 雑所得となる副業収入については必要経費が認められていますが、経費の領収書等をきちんと集めておくことが大切です。それが節税にもつながります。
　また、原稿料などの申告には、支払調書（報酬、料金、契約金および賞金の支払調書）が必要です。

り、その所得金額（必要経費を差し引いた額）が20万円を超える場合

図表85　年金の所得による確定申告の要否

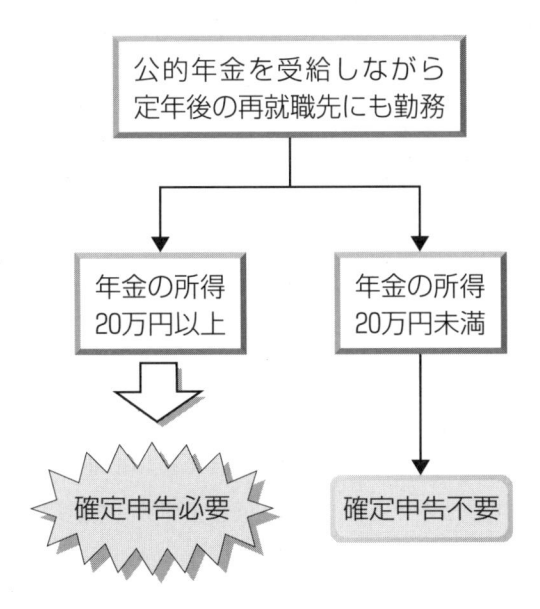

```
         ┌─────────────────────┐
         │ 公的年金を受給しながら │
         │ 定年後の再就職先にも勤務 │
         └──────────┬──────────┘
              ┌─────┴─────┐
              ▼           ▼
       ┌──────────┐  ┌──────────┐
       │ 年金の所得 │  │ 年金の所得 │
       │ 20万円以上 │  │ 20万円未満 │
       └─────┬────┘  └─────┬────┘
             ▼              ▼
       ┌──────────┐   ┌──────────┐
       │確定申告必要│   │確定申告不要│
       └──────────┘   └──────────┘
```

85 会社に勤務している年金受給者の確定申告　205

86 確定申告で誤った計算をしてしまったとき

Q 所得税の確定申告をしましたが、納めすぎの税金がありそうです。この場合、どのようにすればいいのでしょうか。

A 正しい計算をして、確定申告の期限前であれば、申告書の出し直しをし、申告期限後であれば、1年以内に「更正の請求」か「修正申告」をします。また、申告義務のない人が還付を受けるために行う申告（還付申告）は、翌年の1月1日から5年間行えます。

　確定申告をした後に申告額に誤りがあることを発見したときは、申告した所得金額や税額等が過少であった場合には「修正申告」を、過大であった場合には「更正の請求」をして正しい額に訂正することを求めることができます。納税者が誤っている申告額を自発的に訂正しない場合は、税務署長が申告額を更正して正しい額に訂正しますが、加算税や延滞税が賦課されます。

　「更正の請求」とは、申告書に記載した所得金額や税額等について、その計算が法律の規定に従っていなかった、あるいは計算違いをしたことにより、税額が過大であったり、純損失等の金額が過少であったりしたなどの場合に、確定申告書の提出期限から1年以内に限り、その訂正を求めることができるものです。

　還付申告のための確定申告書を提出した人も、確定申告をした日から1年以内に限り、更正の請求を行うことができます。

Point 申告書（正しいもの）を書いたら、直接、税務署に出向いて相談すれば、計算ミスや添付書類のモレなどをチェックしてもらえます。

図表86 更正の請求と修正申告の考え方

申告時期	正しい申告(①)	当初申告税額(②)	①-②	申告の種類
申告期限内	100	150	-50	申告書の再提出
	100	80	20	申告書の再提出
申告期限後	100	150	-50	更正の請求
	100	80	20	修正申告

87　税額控除（配当控除）と確定申告

Q 退職金の運用をはかるため株式を保有していたところ、株式の配当には「配当控除がある」と耳にしました。この配当控除とはどういったものを指すのでしょうか。

A 配当控除とは税額控除の一種で、算出した所得税の税額から、直接、差し引けるものです。所得から控除される所得控除と違って、税額からダイレクトに差引控除できますから、減税効果は大といえます。種類としては、配当控除のほかに住宅借入金等特別控除、外国税額控除などがあります。

ここでは税額控除のうち、配当控除について考えてみたいと思います。

1　配当控除

株式の配当金などがあった場合、税額から一定額の控除ができるのが配当控除です（図表87-1）。少し計算例を見ながら、その中身を確認してみます。

《計算例》 Aさんの場合

給与収入900万円（源泉税75万7,400円）配当金収入10万円（源泉税20％で2万円）、家族構成は奥さん（収入ゼロ）と15歳の長女の3人暮らしです。

1) 確定申告をしない場合

給与からの源泉徴収で完結するので、税金の追加や還付、不足はありません。

Point 資金運用で株式を保有し、その配当金を受け取ったときは配当控除があります。税金の還付がある場合がありますので、確定申告のとき一度計算してみましょう。

図表87-1　配当所得の課税関係

上場株式等の配当（大口株主＝発行済株式総数の5％以上を所有する人を除く）

源泉徴収する税率	平成16年1月1日～平成20年3月31日	10％（所得税7％＋住民税3％）
	平成20年4月1日～	20％（所得税15％＋住民税5％）
課税方法	原則として総合課税（他の所得を合計し、税額を計算して、源泉徴収税額を精算）	
配当控除	総合課税の場合に適用される	
確定申告不要制度	配当金額にかかわらず確定申告をしなくてもよい	

上場株式以外の配当

源泉徴収の税率	20％（所得税のみ）
配当控除の課税方法	上場株式等の配当と同様（確定申告で税額を精算）
確定申告不要制度	小額の配当は申告不要（1回の配当金額が5万円（年1回の場合は10万円）以下である小額配当は確定申告をしなくてもよい）

2）確定申告をする場合

次頁の**図表87-2**のとおりで、3万3,400円の税金の還付となります。

図表87-2　Aさんの所得税計算（確定申告をする場合）

	項　目	金　額	補足事項
所得	給与所得	6,900,000	給与収入9,000,000円－給与所得控除2,100,000円
	配当所得	100,000	配当収入100,000円（上場株式）
	所得合計（①）	7,000,000	
所得から差し引かれる金額	医療費控除	80,000	医療費支払負担額180,000円
	社会保険料控除	320,000	健康保険と厚生年金保険、介護保険
	生命保険料控除	100,000	生命保険支払額182,000円、個人年金支払額120,000円
	損害保険料控除	3,000	火災保険（短期）35,000円
	配偶者控除	380,000	妻（専業主婦）
	扶養控除	380,000	長女
	基礎控除	380,000	本人
	控除合計（②）	1,643,000	
税金の計算	課税所得金額（③）	5,357,000	①－②＝③（千円未満は切捨て）
	所得税（④）	741,400	③×20%（所得税率）－控除額330,000円＝④
	配当控除（⑤）	－10,000	配当所得×10%
	差引所得税額（⑥）	731,000	④－⑤＝⑥
	源泉徴収税（⑦）	764,400	給与所得分（源泉徴収票より）757,400円＋配当所得分7,000円
	差引納税額（⑥）	－33,400	⑥－⑦。マイナスの場合は還付される

注1　定率減税は考慮していない
注2　所得税率は課税所得金額330万円超900万円以下20%、控除額33万円（下記速算表参照）

所得税の速算表（平成18年分）

課税される所得金額（千円未満切捨て）	税　率	控除額
330万円以下	10%	0
330万円超～900万円以下	20%	33万円
900万円超～1,800万円以下	30%	123万円
1,800万円超	37%	249万円

2　確定申告をする・しないの分岐点

これは次の2つの条件、すなわち、

① 確定申告により（あなたの収入に対し）適用される税率と源泉徴収の税率と比較
② 確定申告により利用が認められる配当控除

により決まります。

確定申告が有利か否かは、所得税と住民税を合わせた税率で考えますが、配当所得は申告すると総合課税となり、累進税率が適用されます。

配当控除は確定申告での適用になりますので、配当収入を合算し、配当控除を行ったとき、税金が還付されるのか否かを試算してみることが大切です。

税制改正により、平成19年分からの所得税は次の図表87－3のようになります。また、定率減税は平成18年分をもって廃止されます。

図表87－3　所得税の速算表（平成19年分）

課税される所得金額（千円未満切捨て）	税　率	控除額
195万円以下	5%	0
195万円超～330万円以下	10%	9.75万円
330万円超～695万円以下	20%	42.75万円
695万円超～900万円以下	23%	63.6万円
900万円超～1,800万円以下	33%	153.6万円
1,800万円超	40%	279.6万円

88　マイホームの名義と税金の関係とは

Q 定年後、マイホームの買換えを検討していますが、その場合、新規に購入する家と土地の名義は、妻と共有にしておいたほうが得になることはあるのでしょうか。

A 相続あるいは譲渡のことを考えた場合、共有名義にするメリットは大きいことから、ぜひお勧めします。ただし、住宅の登記の持分状況や返済能力の有無については十分に検討する必要があります。無収入の妻が住宅や土地の名義人となると、夫から贈与を受けたことにされ贈与税が課されますので注意しましょう。

1　共有名義のメリット

① 夫婦で共有名義にしてそれぞれが住宅ローンを組めば、いわゆる「住宅ローン控除」が2人分受けられることになります。

② 夫婦共有名義にすれば、将来、居住用財産として譲渡した場合、夫と妻とそれぞれ居住財産の特別控除3,000万円が受けられ、2人で6,000万円まで非課税となります。

③ 将来の相続の場合、夫と妻と共有登記そして資産を分散しておけば、相続税が軽減されます。

④ マイホームが勝手に処分されるのを防ぐことができます。

2　夫婦で住宅ローンを組む場合の注意

① 夫婦で別々にローンを組むときには、夫と妻それぞれを「連帯債務

Point 住宅を購入したり、増改築を行ったときにそれを借入金でまかなう場合、住宅借入金等特別控除（次の設問参照）がありますので、要件等を確認しましょう。

者」にしておくこと。この場合、両者とも住宅ローン控除の適用ができますが、夫が妻を「連帯保証人」にした場合は、借入れはあくまでローン名義人である夫に限定され、夫婦連帯してローンを借りていることにはならず、住宅ローン控除の適用は夫だけになります
② 夫婦2人で住宅ローンを組んだ場合、負担分を考慮して持分登記をすること。すべてを夫名義にしてしまうと、妻から夫へ持分の贈与があったとみなされます。
③ 連帯債務者は返済能力を持っていること。妻に収入がなく、返済能力がないのにローンの名義を持たせると、妻名義分のローンに対して夫から妻へ贈与があったものとみなされます。
④ 贈与税の配偶者控除の特例の利用
　要件等の詳しいことはQ97の贈与税の特例（配偶者控除）を参考にしてください。

図表88　住宅の単独名義と共有名義のメリットの比較

	夫（妻）の単独名義	夫と妻の共有名義	特記事項
住宅ローン控除	1人だけ適用	2人とも適用	—
居住用不動産の譲渡の特例	特別控除3,000万円×1人	特別控除3,000万円×2人	夫と妻をそれぞれ連帯債務者にすること
売却処分	自由	共有者の同意が必要	—

88 マイホームの名義と税金の関係とは

89　住宅ローン控除とは

Q 退職金を頭金にして家を建て直そうと検討を始めたところ、知人から「今なら住宅ローン控除があるから、タイミングとして悪くない」と言われました。この住宅ローン控除というのは、いったいどういうものなのでしょうか。

A 住宅ローン控除とは、正式には「住宅借入金等特別控除」といい、借入金で新築または中古の居住用家屋を取得したとき、あるいは増改築したときに、その家屋と土地等の取得のために借り入れた費用の年末借入金残高に応じて、所得税額から控除されるものです。

詳しくは次頁の図表89のとおりですが、ここではいくつかのポイントを見ておきたいと思います。

① 共有名義のとき2人とも住宅ローン控除が受けられる

「借入金がある」とは、共働き夫婦で個々にローンを組んでいる場合や、どちらかの名義で借入れをし、一方が連帯債務者になっている場合です（なお、連帯保証人の場合、住宅ローン控除は受けられません）。

② 住宅ローンを借り換えた場合

借換後のローンが「償還期限10年以上」を満たしていれば、引き続きローン控除は受けられます。この場合の返済期間とは、新しいローンの返済期間で、古いローンの返済期間は含まれません。

③ 繰上げ返済した場合

Point 住宅ローン控除は、いくつかの条件はあるものの、非常に有用な制度となっています。機会があれば、ぜひ積極的に利用されることをお勧めします。

繰上げ返済はローンの「期間短縮型」になりますが、この方法の結果、償還期間が10年未満となった場合、住宅ローン控除の適用はなくなります。

図表89　住宅借入金等特別控除（住宅ローン控除）

居住年	控除期間	住宅借入金等の年末残高	×控除率	最高控除額/年	適用年
平成17年	10年	4,000万円以下の部分	× 1％	40万円	1年目から8年目まで
			×0.5％	20万円	9年目および10年目
平成18年	10年	3,000万円以下の部分	× 1％	30万円	1年目から7年目まで
			×0.5％	15万円	8年目から10年目まで
平成19年	10年	2,500万円以下の部分	× 1％	25万円	1年目から6年目まで
			×0.5％	12.5万円	7年目から10年目まで
平成20年	10年	2,000万円以下の部分	× 1％	20万円	1年目から6年目まで
			×0.5％	10万円	7年目から10年目まで

◎**適用を受けるための要件**
① 取得または増改築等をした日から6か月以内に住むこと
② 住宅の床面積が50m²以上で取得または増改築後の家屋の床面積の$\frac{1}{2}$以上が居住用であること
③ 借入金は償還期間が10年以上であること
④ 中古住宅の場合、築後20年以内（耐火建築物の場合25年以内）であること、または昭和56年の建築基準法施行令の新耐震基準に適合するものであること
⑤ 増改築の場合、その費用が100万円を超えること
⑥ その年の所得金額が3,000万円以下であること
⑦ 居住用財産を譲渡した場合の特例（3,000万円特別控除・軽減税率・買換え・交換など）を受けていないこと
　☆ サラリーマンは、翌年から年末調整で控除が受けられる
　☆ 転勤その他やむを得ない事情により、住宅を取得した人が居住できない場合でも、生計を一にする家族が居住するのであれば、控除が受けられる。また、同様の事情で家族もともに転居した場合、事情が解消されて再度入居した時に、その再入居の年度から控除が受けられる

◎**対象となる借入金の例**
① 民間の金融機関や住宅金融金庫などからのもの
② 勤務先からの借入金で年利1％以上のもの

◎**申告に必要な添付書類**
① 借入金の年末残高等証明書
② 住民票の写し
③ 家屋・土地の登記事項証明書（登記簿謄本）
④ 売買契約書、建築工事請負契約書などの写し、増改築工事証明書
⑤ 建築確認通知書の写し
⑥ サラリーマンの場合は、給与所得の源泉徴収票

90　確定申告の所得控除

Q 所得税の計算において、所得控除とはどういったものを指すのでしょうか

A 所得税を計算するときに、所得金額から差し引かれるものが所得控除です。その内容については次頁の図表のとおりです。

　所得税は、たとえば扶養家族がいるといった個人それぞれの家庭・生活状況などを加味して、税金の計算をすることになっています。

　詳細は次頁に譲りますが、図表90の①・②・⑥は年末調整の適用を受けず、確定申告で控除を受けなければなりません。

　②・④・⑤・⑥の適用を受けるためには、支払証明書の添付等が必要になります。

Point 所得税は、所得が多くなるに従って段階的に税率が高くなる超過累進税率になっていますので、所得控除の項目をもらさずにしっかりとチェックしましょう。

図表90　所得控除の主なもの

	種類	内容	控除額
①	雑損控除	災害や盗難により損失が生じたとき（生活に通常必要な資産だけ）	損失した資産の価値を災害関連の支出額を考慮して計算
②	医療費控除	本人、生計を一にする配偶者や親族のために支払った医療費等	実質負担から10万円と、所得の5％のいずれか低い額を差し引いた金額（最高200万円）
③	社会保険料控除	健康保険料、介護保険料、公的年金（厚生年金保険、国民年金）などの保険料	支払った保険料全額
④	生命保険料控除	一般の生命保険料や個人年金保険料を支払った場合	一般の生命保険、個人年金保険それぞれ最高5万円
⑤	損害保険料控除	住宅が対象の火災保険料、傷害保険料を支払った場合	契約内容により種類に分け、限度額が設けられている。最高1万5,000円
⑥	寄付金控除	特定の寄付金を支払ったとき	A－1万円した額 Aは寄付した額と所得×3％の少ないほう
⑦	障害者控除	本人、配偶者、扶養親族が障害者の場合	1人につき27万円 特別障害者40万円（重度の障害）
⑧	寡婦（夫）控除	配偶者に死別・離婚し、扶養親族や所得に関して一定条件に該当する場合	27万円
⑨	特定寡婦控除	寡婦であり扶養親族である子どもがあり、所得が一定額以下の場合	35万円
⑩	勤労学生控除	本人が勤労学生で、所得が一定以下の人	27万円
⑪	配偶者控除	配偶者の所得が一定以下の場合	一般の控除対象配偶者38万円、老人控除対象配偶者（70才以上）48万円
⑫	配偶者特別控除	配偶者の所得が一定以上の場合	最高38万円
⑬	扶養控除	配偶者以外の扶養親族で所得が一定以上の場合、人数により調整される	一般扶養親族　38万円 特定扶養親族　63万円 老人扶養親族　48万円 同居老親等　　58万円

91 医療費控除とはどういうものか

Q 定年後に長年のサラリーマン生活の疲れからか病気をしてしまい、多額の医療費を支払いました。一部は保険金でまかなえたものの、高額な医療費であることから、できればこの医療費を税金の控除対象にできないかと思っております。医療費は税金の控除対象になるのでしょうか。

A 本人もしくは家族の病気やケガなどにより支払った医療費は、医療費控除として所得から差しくことができます。もちろん、ここでいう「支払った医療費」とは、実際にかかった医療費から保険金などで補塡された金額を差し引いたものです。また、医療費控除の対象となる医療費には制限がありますので、その内容を控除の申告の前に調べておく必要があります。

1 医療費控除とは

　医療費控除とは、1年間に支払った医療費が一定額を超える場合に、その超える金額を所得から控除できるものです。医療費控除の対象となる金額は、次頁の式で計算した金額（最高で200万円）です。

2 医療費控除の対象となるもの

　あくまでも「診療」「治療費」の支払いや医薬品の購入代金であって、検査や予防の支払い、あるいは医薬部外品、健康食品の購入代金は原則と

> **Point** 医療費は、実際に支払ったものに限って控除の対象となります。未払いとなっている医療費は、それを実際に支払った年の医療費控除の対象となります。また、家族分をまとめて対象にすることもできます。

して対象になりません

3 申告のポイント

① 家族分をまとめて対象にする
　→　生計を一にする家族分についてはまとめて医療費控除の対象とすることができます。所得の一番大きな人にまとめて利用するのが得です。配偶者控除や扶養控除の対象でない家族でも問題ありません。
② 治療が2年間にまたがるものは1年で
　→　2年間にまたがる場合には、どちらかの年に医療費をまとめたその2年分を医療費控除の対象にできます。
③ 領収証がなくても控除を受けられる場合がある
　→　領収証を紛失した場合、支払いの事実（支払日、支払先、支払額、支払内容）がわかるメモなどがあれば、医療費控除を受けられる場合があります
④ 医師の指示によるビタミン剤やクアハウスの利用料は
　→　医師から「運動療法実施証明書」を書いてもらい、厚生省認定のクアハウスに通った場合、利用料も医療費控除の対象となります

図表91　医療費控除の計算式

（実際に支払った医療費の合計額－Aの金額）－Bの金額
　A：保険金などで補填される金額。たとえば、生命保険契約などで支給される入院費給付金、健康保険などで支給される療養費・家族療養費・出産育児一時金など
　B：10万円またはその年の所得金額の合計額が200万円未満の人はその5％の金額（いずれか少ない金額）

92　財形貯蓄の中途解約等と税金

Q 今まで、毎月の給与からの天引きで財形住宅貯蓄を行ってきましたが、定年を迎えるにあたってライフプランを見直した結果、「持ち家は不要」という結論に達し、財形住宅貯蓄を解約することにしました。この場合、税金はどうなるのでしょうか。

A 財形貯蓄は、目的外や中途解約等があった場合、その払出日から過去5年以内に支払われた利子および収益分配金については20%の税率（所得税15%、住宅税5%）による源泉分離課税（取戻課税）が行われます。非課税扱いがなくなり、追加課税されます。

　財形貯蓄は、勤労者財産形成促進法に基づく貯蓄制度です。これは「貯蓄資産のための措置」として、勤労者財産形成貯蓄（一般財形貯蓄）、勤労者財産形成住宅貯蓄（財形住宅貯蓄）、勤労者財産形成年金貯蓄（財形年金貯蓄）があり、いずれも事業主に雇用されている勤労者に適用されるものです。財形貯蓄の利子収益分配金等について非課税扱いが受けられるのは、財形住宅貯蓄と財形年金貯蓄に限られ、一般財形貯蓄は一般の預貯金の利子、収益分配金と同様に、一律20%（所得税15%、住宅税5%）の源泉分離課税が適用されます。

　「財形住宅貯蓄」は勤労者が住宅取得を目的とする貯蓄であり、「財形年金貯蓄」は勤労者財産形成年金貯蓄契約による貯蓄であり、ともに一定要件を満たしたもので、非課税貯蓄申告書の提出等所定の手続をすることを条件に、財形住宅貯蓄と財形年金貯蓄と合わせ、1人元利合計550万円ま

Point 財形貯蓄の内容を十分に把握して、何の目的で財形貯蓄を行うかを、将来の見通しを考慮して行うべきでしょう。

での利子、収益分配金等につき非課税の適用を受けることができます。

そのほか、財形貯蓄を行っている場合、財形給付金や財形基金給付金は、通常は一時所得となり、また勤労者が育児や教育、老親等の介護および自己開発などの特定の支出にあてるために一般財形貯蓄を払い出して対処し、事業主から財産形成貯蓄活用給付金の支給を受けたときは、それは給与所得でなく一時所得にかかる収入金額とみなすこととされます。一時所得は総合課税の対象となりますが、他の一時所得との合計額が50万円以内であれば課税されません。

図表92　財形貯蓄と税金

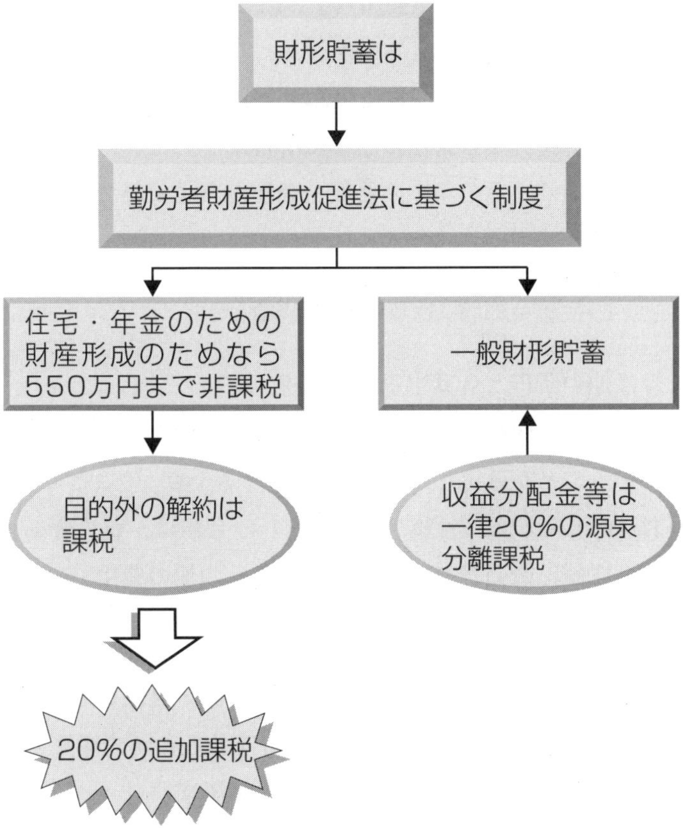

```
財形貯蓄は
    ↓
勤労者財産形成促進法に基づく制度
    ↓                    ↓
住宅・年金のための      一般財形貯蓄
財産形成のためなら          ↑
550万円まで非課税      収益分配金等は
    ↓                一律20％の源泉
目的外の解約は          分離課税
課税
    ↓
20％の追加課税
```

92 財形貯蓄の中途解約等と税金　221

93 働き方によって異なる納税方法

Q 定年退職後に個人で事業を始めた場合、税金の計算は今までと同じと考えていいのでしょうか。

A もちろん異なります。開業するものが「事業」に該当するものであれば、当然「事業所得」となり、年に数日くらい仕事をして「たまたま収入があった」というようなときは、事業所得ではなく「雑所得」になります。

　事業とは、少なくとも「業」として、1年以上は継続して事業を営んでいるものであり、その収入は「事業所得」となります。
　事業所得とは、農業、漁業、製造業、卸売業、小売業、サービス業など、対価を得て継続的に行う事業から生ずる所得です。
　事業所得の金額は、その年中の総収入金額から必要経費を控除して計算します。

　　　事業所得の金額＝総収入金額－必要経費

　事業所得は他の所得と合算する総合課税です。
　総収入金額とは、商品の売上代金やサービス料金など、その年中に事業により収入することが確定した金額（収入すべき金額）のことです。
　必要経費（総収入金額から控除できる費用）の金額は、収入をあげるために必要な売上原価、販売費及び一般管理費、その他の費用（償却費等）で、

Point 事業を行うにはきちんとした計画・見通しを立て、事業の結果をしっかりと計算＝経理して、申告することが大切です。また、青色申告制度の利用を忘れずに行いたいものです。

その年に支出し、支払いの債務の確定しているものだけを算入します。

　これらの経理については、一般に公正妥当と認められた会計処理の原則に基づいて行うべきものです。

　事業所得の申告においては青色申告制度というものがあります。これは、事業所得のある者が所定の備付帳簿により取引を記録し、自主的に申告することを申請すれば、税務署長が青色申告の承認を与えるというもので、その承認を受けた者は次のような特典が認められます。

① 青色事業専従者給与が認められる
② 純損失の繰越し、繰戻しが可能
③ 貸倒引当金などを計上できる
④ 青色申告特別控除を受けられる

図表93　サラリーマンと事業者の所得税納付方法の違い

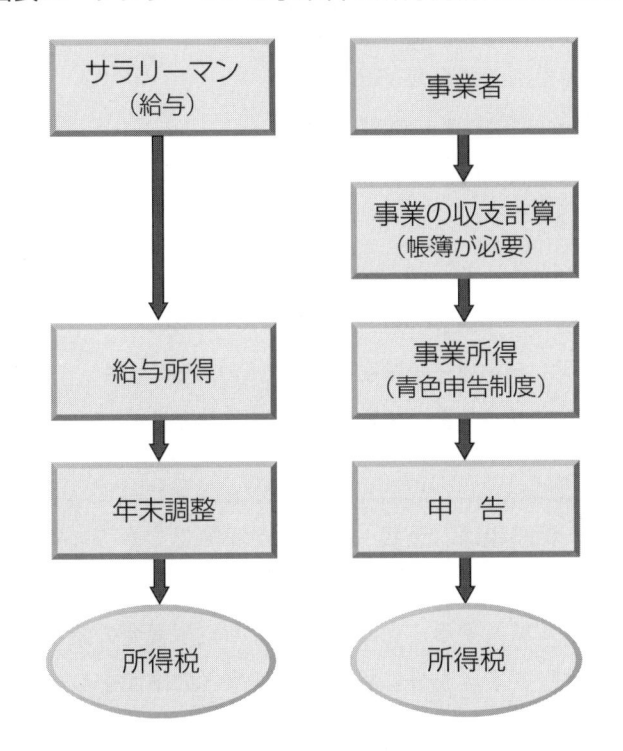

```
サラリーマン              事業者
（給与）                    ↓
   ↓                  事業の収支計算
                       （帳簿が必要）
   ↓                        ↓
 給与所得                 事業所得
                       （青色申告制度）
   ↓                        ↓
 年末調整                   申　告
   ↓                        ↓
 所得税                    所得税
```

94 生命保険は相続税・所得税どちらの精算が得か

Q 生命保険の保険金を受け取る場合、相続税で精算するほうが得なのでしょうか。それとも所得税のほうが得なのでしょうか。また、生命保険の加入の仕方により、税金に違いはあるのでしょうか。

A 生命保険の非課税枠以内、あるいは一次相続で配偶者の特別控除が適用できる場合は、相続税のほうが有利となります。ただし、相続財産が多額の場合には、保険料控除の仕方によって相続税として課税されるより所得税として課税されるほうが軽くなる場合があります。

保険金を受け取る場合、相続税として課税される場合と所得税として課税される場合とでは違いがあります。

- 相続税の保険金の非課税枠の場合

    ＝500万円×法定相続人の数

    ※ つまり、法定相続人１人あたりに500万円の非課税枠があることを意味しています。

- 所得税の一時所得による課税の場合

    ＝（受取保険金－払込保険料－50万円）×２分の１

    ※ 生命保険は契約者・被保険者・受取人の関係により、発生する税金の種類が違ってきます。その関係は図表94のとおりです。

Point 相続税は、金銭一括納付が原則ですから、相続人は相続財産または相続人自身の財産で納税資金をまかなわなければなりません。生命保険に加入することは、相続税の納税資金の確保の観点から重要な有効手段です。十分に検討し、将来への準備をしましょう。

保険金の相続に際しては、法定相続人１人あたりで500万円の非課税枠があります。そのほかに、配偶者の税額軽減措置として、配偶者が実際に取得した遺産額が１億6,000万円までか、正味の遺産額が法定相続分に応ずる金額であれば、相続税はかからないという配偶者控除があります（一時相続の場合）。子どもが相続する場合（二次相続の場合）には、被相続人が、契約者として自分自身を被保険者として保険料を支払っていた場合には、相続人の受け取る保険金は、相続税の課税対象となります。

　一方、相続人が契約者・保険料負担者となり、被相続人を被保険者としていた場合には、相続人の受け取る死亡保険金は一時所得として所得税の課税対象となります。保険金を相続税で受け取るか、一時所得として受け取るかは、相続財産の多寡や、相続人の所得状況などによって、有利・不利がありますので、十分に検討する必要があります。また一次相続と二次相続を勘案して遺産を分割しないと、トータルの税金の額に差が出る場合もあります。

　満期保険金の場合には、契約者（保険料支払者）も受取人も自分の場合は一時所得になります。契約者（保険料支払者）が自分で、受取人が別の人の場合は、受け取った人への贈与となり、贈与税の課税対象となります（満期の前に、保険金の受取人を契約者自身に変更すれば、贈与税はかかりません）。

図表94　死亡保険金の課税の種類

契約者	保険料負担者	被保険者	保険金受取人	課税関係
甲	甲	甲	相続人	相続税の対象
乙	乙	甲	丙	贈与税の対象
丙	丙	甲	丙	所得税・住民税の対象（一時所得）

95 贈与税とはどんな仕組みか

Q 定年後、贈与税がよく問題となるケースがあるようですが、そもそも贈与税の仕組みとはどういったものなのでしょうか。

A ある個人から不動産や現金などの財産の贈与を受けた場合、贈与を受けた人が負担する税金が贈与税です。また、ある個人から著しく低額で財産を譲り受けた場合や債務を免除してもらった場合にも、やはり贈与税の対象となります。

1 贈与税の計算のしくみ

贈与税は、その年の1月1日から12月31日までの1年間に贈与により取得した財産の価額の合計額（課税価格）から基礎控除額を差し引いた後の課税価格に税率を適用して計算します。その計算式等は次頁の図表95のとおりです（この場合は「暦年課税」によるもので、ほかに「相続時精算課税」によるものもあります。詳細は次の設問を参照）。

2 贈与税の対象となる財産

贈与税の対象となる財産は「金銭で見積ることができる経済的価値のあるすべてのもの」をいいます。法形式上は贈与による財産の取得でなくても、その経済的な効果が実質的に贈与を受けたと同様の場合にも贈与税の対象となります（これを「みなし贈与財産」といいます）。その代表的なものとして次のようなものがあります。

① 他人を受益者として財産の信託等を行った場合の信託受益権

Point 贈与は、建物は固定資産評価額で、土地は「路線価」で評価しますので、現金贈与より不動産贈与のほうが有利であることにも留意が必要です。

② 保険料負担者以外の者が、死亡保険金を取得した生命保険金
③ 低額譲受
④ 債務免除等

図表95　贈与税の計算

贈与税額＝基礎控除後の課税価格×税率－控除額

基礎控除後の課税価格：課税価格－基礎控除額110万円

　※　贈与税では現行110万円の基礎控除が定められています。つまり110万円以下の贈与には、贈与税はかかりません。

課税価格：本来の贈与財産＋みなし贈与財産－非課税財産

税　　率：下記速算表参照

控　除　額：下記速算表参照

基礎控除後の課税価格	税率	控除額
200万円以下	10%	－
300万円以下	15%	10万円
400万円以下	20%	25万円
600万円以下	30%	65万円
1,000万円以下	40%	125万円
1,000万円以上	50%	225万円

96 贈与税と相続時精算課税制度の関係

Q 財産を生前に贈与する場合に「相続時精算課税制度」というものがあるそうですが、その内容を教えてください。

A 相続時精算課税制度とは、一定の金額までの生前贈与財産については、贈与税を無税にする代わりに、相続発生時にそれまでの贈与財産と相続財産を合算して相続税を計算するという制度です。

　この制度は、贈与を受けたときに贈与財産に対する贈与税を支払い、贈与者が亡くなったときにその贈与財産と相続財産とを合計した価額を基に相続税額を計算し、すでに支払った贈与税額を控除するものです。この制度は図表96に該当する場合に贈与者が異なるごとに選択できます。

　なお、この制度を選択すると、その後、同じ贈与者からの贈与について「暦年課税」の適用は受けることはできません

　贈与税額は、「相続時精算課税」を選択した贈与者ごとに、1年間に贈与を受けた財産の合計金額（課税価格）から2,500万円の特別控除額を控除した残額に、20%の税率をかけたものです

　　（贈与を受けた財産の合計額－特別控除額）×税率＝贈与税額

　特別控除額とは、2,500万円から前年までに使用した特別控除額を差し引いたものをいいます。また、この制度を選択するには、贈与税の申告期

Point 贈与時は通常の贈与の税金より大幅に軽減されるので贈与しやすく、かつ、贈与財産は最終的には相続税の対象となるものの、相続税の基礎控除との関係で相続税が課税されないケースもありうることから、一度は利用を考えてみる必要があります。

限内に「相続時精算課税選択届出書」と一定の書類(戸籍謄本等)を贈与税の申告書に添付して提出しなければなりません。

図表96　相続時精算課税制度の対象者

対象者

①贈与者……贈与した年の1月1日において65才以上である親
②受贈者……贈与受けた年の1月1日において20歳以上であり贈与者の推定相続人である子

97 贈与税の配偶者控除の特例とは

Q 夫から住宅を贈与された場合、税金の面で何か特例があると聞きましたが、それはどのようなものでしょうか。

A 婚姻期間が20年以上の夫婦の間で、居住用不動産等の贈与があった場合には、一定の要件にあてはまれば、贈与税の申告をすることにより、基礎控除額110万円のほかに最高2,000万円までの配偶者控除が受けられます。これが贈与税の「配偶者控除の特例」です。

婚姻期間20年以上の配偶者（内縁関係は除く）が居住用不動産または居住用不動産を購入するための金銭の贈与を受けた場合、贈与税の配偶者控除2,000万円と基礎控除110万円を合わせて2,110万円までは贈与税がかかりません。これが贈与税の配偶者控除の特例です。

　　贈与額－配偶者控除最高2,000万円（居住用不動産の価格が限度）
　　　　　　　　　　　　－基礎控除110万円＝課税対象額

贈与税の配偶者控除の要件は次のとおりです。
① 婚姻期間が20年以上であること
② 贈与資産が居住用不動産またはその居住用不動産の購入資金であること
③ 贈与受けた年の翌年の3月15日までに実際に居住し、以後も引き続き居住する見込みであること

Point 居住用不動産とは、住んでいる家屋とその敷地（借地権も含む）です。この場合の評価は相続税評価額になりますので、金銭より不動産のほうが有利となるでしょう。

④　これまで同一の配偶者から、この配偶者控除の適用を受けたことがないこと
⑤　必ず申告すること（一定の添付書類が必要）

なお、この配偶者控除には次のような点に注意が必要ですので、詳しくはそちらをご覧ください（図表97）。

図表97　配偶者控除の注意点

①同一の配偶者については一生に1回しか適用されない
②この控除を受けた年に相続が開始されても、この控除を受けた資産を相続財産に加えなくてもよい（相続税における相続開始3年以内の贈与財産に加算する必要なし）
③配偶者控除の適用により贈与税が無税となっても、不動産取得税や登録免許税などはかかる
④控除不足があっても繰り越せない

98 相続税の仕組みとは

Q 相続税の仕組みについて教えてください。

A 相続税は、死亡した人の財産を相続したときや遺言により財産を取得したときに納める税金です。亡くなられた人を被相続人、相続により財産を受け継いだ人を相続人といいます。被相続人の財産を相続または遺贈によって取得した場合、正味遺産額が「5,000万円＋1,000万円×法人相続人数」を超えると原則として相続税が課税されます。

なお、配偶者は、法定相続分相当額または1億6,000万円以下であれば、財産を相続しても相続税は課税されません。相続税の申告は、相続開始（死亡）後10か月以内です。

相続税の計算式は次のとおりです。
課税遺産総額＝正味の遺産額－基礎控除額
　　　正味の遺産額＝(遺産総額＋相続時精算課税の適用を受ける贈与財産)－
　　　　　　　　　(非課税財産＋被相続人の債務＋葬式費用)＋相続開始前3
　　　　　　　　　年以内に被相続人から贈与を受けた財産の贈与時の評価額
　　基礎控除額＝5,000万円＋1,000万円×法定相続人の数
相続財産となるものは次のとおりです。
① 被相続人の死亡日に所有していたもの
　→ 現金、銀行貯預金、貯金、株式・公社債等の有価証券、土地、建

Point 相続税では、相続財産となるものと法定相続人をしっかり把握することが、まず大切です。財産の評価は相続税の評価で行います。

物、事業用財産、家庭用財産、ゴルフ会員権など
② みなし相続財産
　→ 死亡退職金、生命保険金
③ 3年以内に贈与を受けた財産
④ 相続時精算課税制度
　→ 選択者の課税財産

相続財産の評価は、相続税法および「財産評価基本通達」に基づいて評価されます。

図表98　相続税の考え方

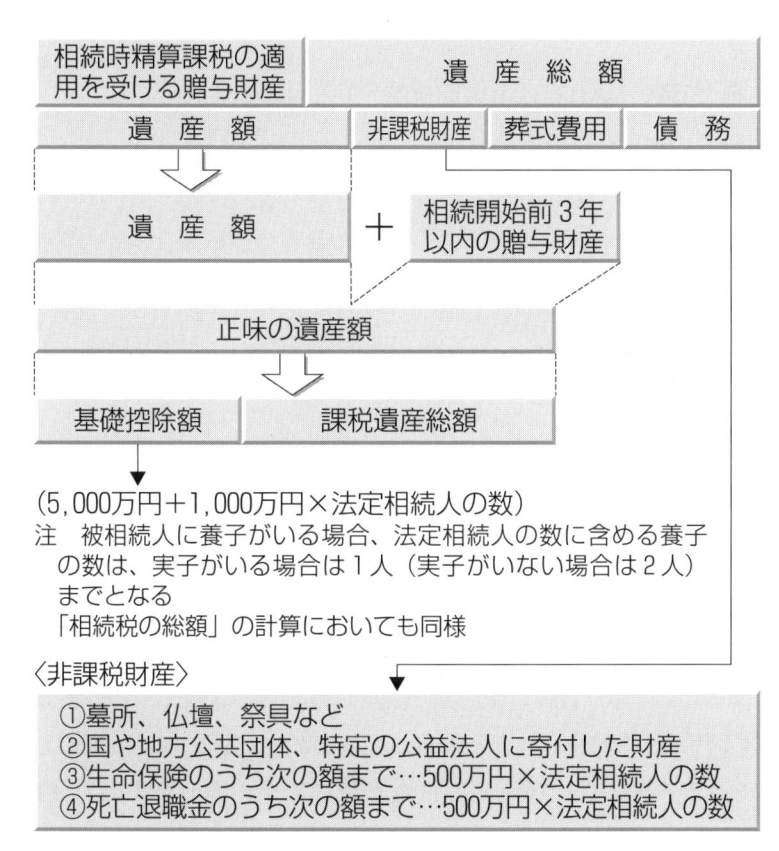

相続時精算課税の適用を受ける贈与財産	遺　産　総　額		
遺　産　額	非課税財産	葬式費用	債　務

遺　産　額　＋　相続開始前3年以内の贈与財産

正味の遺産額

基礎控除額	課税遺産総額

（5,000万円＋1,000万円×法定相続人の数）
注　被相続人に養子がいる場合、法定相続人の数に含める養子の数は、実子がいる場合は1人（実子がいない場合は2人）までとなる
「相続税の総額」の計算においても同様

〈非課税財産〉
①墓所、仏壇、祭具など
②国や地方公共団体、特定の公益法人に寄付した財産
③生命保険のうち次の額まで…500万円×法定相続人の数
④死亡退職金のうち次の額まで…500万円×法定相続人の数

出典　「平成17年度版　国税のしおり」（国税庁）

99　相続税の計算の仕組みとは

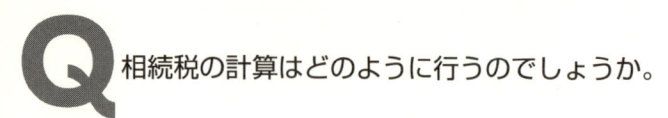

Q 相続税の計算はどのように行うのでしょうか。

A 課税遺産総額を法定相続分どおりに分けたものとして、各法定相続人別に税額を計算します。この税額を合計したものが相続税の総額です。この相続税の総額を、各相続人、受贈者および相続時精算課税を適用した人が、実際に取得した正味の遺産額の割合に応じて按分した額が各人の相続額です。

相続税の計算の流れは次頁の図表99－1 とおりです。
① 相続税の総額
　課税遺産総額を法定相続分どおりに分けたものとして、相続人1人あたりの相続税を計算し、その計算された各人の相続税を合計して相続税の総額を計算します。
② 各人の算出税額
　相続税の総額を、実際に分割取得した財産の割合により各人に配分します。

$$各人の算出税額 ＝ 相続税の総額 \times \frac{その人の課税価格}{課税価額の合計額}$$

Point 相続税は、一次相続（配偶者がいる場合）と二次相続（配偶者なしで子どもだけの場合）で税金の額が大きく違いますので注意が必要です。

図表99-1　相続税の計算例
（正味の遺産額が2億円の場合）

課税総額を算出する

　　　　（正味の遺産額）　（基礎控除額）　　（課税遺産総額）
　　　　2億円 － 8,000万円 ＝ 1億2,000万円

課税遺産総額を法定相続*1分であん分する（次頁図表99-2）

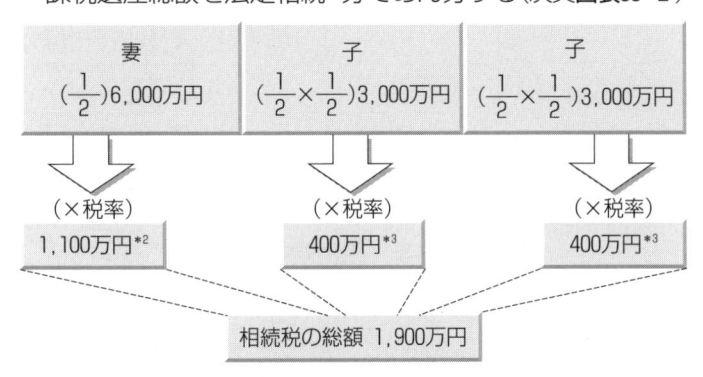

妻 ($\frac{1}{2}$) 6,000万円	子 ($\frac{1}{2}\times\frac{1}{2}$) 3,000万円	子 ($\frac{1}{2}\times\frac{1}{2}$) 3,000万円
（×税率）	（×税率）	（×税率）
1,100万円*2	400万円*3	400万円*3

相続税の総額　1,900万円

次に、相続税の総額を実際の相続割合であん分する

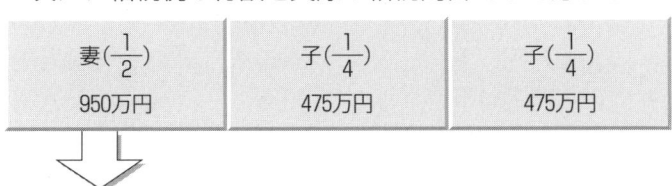

妻 ($\frac{1}{2}$) 950万円	子 ($\frac{1}{4}$) 475万円	子 ($\frac{1}{4}$) 475万円

税額控除：配偶者の税額軽減＝▲950万円

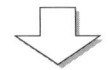

（実際に納める税金）

妻　0円	子　475万円	子　475万円

*1　法定相続人に養子がいる場合
　　1）法定相続人に実子がいる場合
　　　　→　養子のうち1人までを法定相続人とする
　　2）法定相続人に実子がいない場合
　　　　→　養子のうち2人までを法定相続人とする
*2　6,000万円×税率30％－700万円＝1,100万円（次頁図表99-3）
*3　3,000万円×税率15％－50万円＝400万円（次頁図表99-3）
出典　「平成17年度版　国税のしおり」（国税庁）

図表99-2 法定相続分の主な例

相続人		法定相続分
子がいる場合	配偶者	2分の1
	子	2分の1（人数分に分ける）
子がいない場合	配偶者	3分の2
	父母	3分の1（人数分に分ける）
子も父母もいない場合	配偶者	4分の3
	兄弟姉妹	4分の1（人数分に分ける）

図表99-3 相続税の速算表

相続税の課税対象金額	税率	控除額
1,000万円以下	10%	―
3,000万円以下	15%	50万円
5,000万円以下	20%	200万円
1億円以下	30%	700万円
3億円以下	40%	1,700万円
3億円超	50%	4,700万円

③ 相続税額の２割加算

　相続等で財産を取得した人が一親等の血族および配偶者以外である場合には、②の各人の算出相続税額に20％を加算します。

④ 税額控除の計算

相続人のそれぞれの事情により、税額が控除されます。

1）配偶者の税額軽減（配偶者控除）

　配偶者が遺産分割や遺贈により実際に取得した正味の遺産額が１億6,000万円までか、１億6,000万円を超えていても、正味の遺産額の法定相続分に応ずる金額までであれば、配偶者には相続税はかかりません。

2）税額から控除されるものには次のようなものがあります。

- 未成年者控除
- 障害者控除
- 暦年課税に係る贈与税額控除

　正味の遺産額に加算された「相続開始前３年以内の贈与財産」の価額に対する贈与税額が控除されます。

- 相続時精算課税に係る贈与税額控除

　遺産総額に加算された「相続字精算課税の適用を受ける贈与財産」の価額に対する贈与税額が控除されます。なお、控除しきれない金額がある場合には、申告をすることにより還付を受けることができます。

資料1　生年月日別年金計算早見表（老齢基礎・老齢厚生年金）

(平成18年4月から適用、E・N・O位：円)

	老齢基礎年金				老齢厚生年金										遺族年金
あなたの生年月日をあてはめてください	A 厚生・共済を合わせた期間(年)	B 厚生年金の中高齢の特例(年)	C 国民年金と合わせた期間(年)	D 加入可能年数(年)	E 振替加算額(年額)	F 男子の支給開始年齢(歳) 報酬/定額	G 女子の支給開始年齢(歳) 報酬/定額	H 定額上限月数(月)	I 定額単価乗率(1,676円×下記)	J 従前保証 報酬比例旧乗率 1000/15.3迄	K 5%適正化 報酬比例新乗率 1000/15.3迄	L 従前額保障 報酬比例旧乗率 1000/15.4〜	M 5%適正化 報酬比例新乗率 1000/15.4〜	N 配偶者加給年金額(年額)	O 経過的寡婦加算額(年額)
---	---	---	---	---	---	---	---	---	---	---	---	---	---	---	---
S 7.4.2〜S 8.4.1	20	15	25	31	191,400	60	56	432	1.553	9.17	8.712	7.054	6.702	227,900	440,900
S 8.4.2〜S 9.4.1	〃	〃	〃	32	185,300	〃	〃	〃	1.505	9.04	8.588	6.954	6.606	〃	420,900
S 9.4.2〜S10.4.1	〃	〃	〃	33	179,400	〃	57	444	1.458	8.91	8.465	6.854	6.512	261,500	402,200
S10.4.2〜S11.4.1	〃	〃	〃	34	173,200	〃	〃	〃	1.413	8.79	8.351	6.762	6.424	〃	384,500
S11.4.2〜S12.4.1	〃	〃	〃	35	167,100	〃	58	〃	1.369	8.66	8.227	6.662	6.328	〃	367,900
S12.4.2〜S13.4.1	〃	〃	〃	36	161,100	〃	〃	〃	1.327	8.54	8.113	6.569	6.241	〃	352,200
S13.4.2〜S14.4.1	〃	〃	〃	37	155,000	〃	59	〃	1.286	8.41	7.990	6.469	6.146	〃	337,300
S14.4.2〜S15.4.1	〃	〃	〃	38	148,800	〃	〃	〃	1.246	8.29	7.876	6.377	6.058	〃	323,200
S15.4.2〜S16.4.1	〃	〃	〃	39	142,900	〃	60	〃	1.208	8.18	7.771	6.292	5.978	295,200	309,700
S16.4.2〜S17.4.1	〃	〃	〃	40	136,700	60	61	〃	1.170	8.06	7.657	6.200	5.890	328,900	297,500
S17.4.2〜S18.4.1	〃	〃	〃	〃	130,600	〃	〃	〃	1.134	7.94	7.543	6.108	5.802	362,500	277,400
S18.4.2〜S19.4.1	〃	〃	〃	〃	124,700	〃	62	〃	1.099	7.83	7.439	6.023	5.722	396,000	257,600
S19.4.2〜S20.4.1	〃	〃	〃	〃	118,500	〃	〃	456	1.065	7.72	7.334	5.938	5.642	〃	237,800
S20.4.2〜S21.4.1	〃	〃	〃	〃	112,400	〃	63	468	1.032	7.61	7.230	5.854	5.562	〃	218,000
S21.4.2〜S22.4.1	〃	〃	〃	〃	106,400	〃	60	61	480	1.000	7.50	7.125	5.769	5.481	〃	198,200
S22.4.2〜S23.4.1	〃	16	〃	〃	100,300	〃	64	〃	〃	〃	〃	〃	〃	〃	〃	178,300
S23.4.2〜S24.4.1	〃	17	〃	〃	94,100	〃	〃	62	〃	〃	〃	〃	〃	〃	〃	158,500
S24.4.2〜S25.4.1	〃	18	〃	〃	88,200	〃	−	〃	〃	〃	〃	〃	〃	〃	〃	138,700
S25.4.2〜S26.4.1	〃	19	〃	〃	82,000	〃	〃	63	〃	〃	〃	〃	〃	〃	〃	118,900
S26.4.2〜S27.4.1	〃	—	〃	〃	75,900	〃	〃	〃	〃	〃	〃	〃	〃	〃	〃	99,100
S27.4.2〜S28.4.1	21	〃	〃	〃	70,000	〃	〃	64	〃	〃	〃	〃	〃	〃	〃	79,300
S28.4.2〜S29.4.1	22	〃	〃	〃	63,800	61	〃	〃	〃	〃	〃	〃	〃	〃	〃	59,500
S29.4.2〜S30.4.1	23	〃	〃	〃	57,700	〃	〃	−	〃	〃	〃	〃	〃	〃	〃	39,700
S30.4.2〜S31.4.1	24	—	〃	〃	51,700	62	−	〃	〃	〃	〃	〃	〃	〃	〃	19,900
S31.4.2〜S32.4.1	25	—	〃	〃	45,600	〃	〃	−	〃	〃	〃	〃	〃	〃	〃	—

※E欄は配偶者の生年月日、N欄は請求者の生年月日で見てください。　※■■■の生年月日に該当するのが平成18年度中に60歳になる人です。

資料2　定年前後の手続用語ミニ解説

あ

遺族基礎年金

国民年金から給付される遺族年金で、国民年金の被保険者、老齢基礎年金を受給中の人、老齢基礎年金の受給資格要件を満たした人の遺族に支給されます（原則として18歳到達年度の末日までの子、20歳未満で1級または2級の障害の状態にある子がいるとき）。

遺族給付

被保険者や受給者の死亡によって遺族に支給される年金や一時金の総称で、遺族の将来にわたる生活の安定をはかることを目的として支給される給付です。

遺族共済年金

共済組合から給付される遺族年金で、国民年金の遺族基礎年金に上積みされる年金です。共済組合の組合員であるなど一定の要件が必要です。

遺族厚生年金

厚生年金から給付される遺族年金で、国民年金の遺族基礎年金と受給資格要件が似ていますが、その要件よりも範囲が広くなっています。

一部繰上げ

特別支給の老齢厚生年金の受給権者が65歳前から老齢基礎年金を一部繰り上げて受給することです。

か

加給年金

老齢厚生年金や退職共済年金の受給権を得たときに、厚生年金の被保険者期間が20年（中高齢期間短縮で15年）以上、共済組合の組合員期間が20年以上ある場合に、その人に生計を維持されている配偶者、18歳到達年度の末日までの子、20歳未満で1級または2級の障害の状態にある子に対して年金に加算されて支給されます。

加給年金対象者

受給権者が加給年金の権利を取得した当時、生計維持関係にある配偶者（事実婚の配偶者を含む）、子（18歳到達年度の末日までの子、20歳未満で1級または2級の障害の状態にある子）のことをいいます。

学生（20歳以上）

平成3年4月から20歳以上の学生も国民年金の第1号被保険者となり強制加入となりました。現在は学生納付特例制度があるため実質的な保険料納付はしていません。

加算額

正式には「子の加算額」といい、別名では「子の加給年金」になります。国民年金の障害基礎年金の受給権を得たとき、受給権者に生計を維持している子がいるときに支給されます。

加算期間

実際に年金に加入した期間（実期間）に、職務上で危険負担が多い人には、実期間にプラスされる期間をいいます。実期間と加算期間の合算で受給要件等が考慮されます。一般には船員・坑内員ですが、対象期間は平成3年3月31日までになります。

課税証明書（非課税証明書）

収入を証明するもので、加給年金、子の

資料2　定年前後の手続用語ミニ解説　239

加算、遺族年金等の受給者には年収850万円未満という収入制限がありますので、受給時にはこの証明書が必要になります。

加入員

厚生年金基金、国民年金基金に加入している被保険者を、通称「加入員」といいます。

加入員証

厚生年金基金に加入すると、この加入員証が交付されます。厚生年金の年金手帳と同じ役割があり、年金請求時に必要になります。

加入期間

年金制度に加入している期間を指します。厚生年金の場合、厚生年金適用事業所の会社に入社して被保険者になっている期間です。

寡婦年金

国民年金の第1号被保険者として保険料納付済期間か免除期間が原則25年以上ある夫が年金を何も受給せずに死亡した場合、10年以上婚姻関係にあった妻に60～65歳になるまでの間、夫が受給できたであろう老齢基礎年金の4分の3が支給される年金のことです。

カラ期間（合算対象期間）

老齢年金および退職年金の受給資格期間に加えることができる救済期間のことです。とくに国民年金に任意加入とされた人で、その任意加入期間中に国民年金に加入しなかった期間が該当します。

企業年金

企業年金は、適格年金、厚生年金基金、確定給付年金、確定拠出年金、自社年金の5つに分類でき、それらの総称です。

基金

基金というと一般的には厚生年金基金を指しますが、このほかに国民年金基金、農業者年金基金、石炭鉱業年金基金があり、それぞれの内容が違います。

基礎年金

国民年金から支給される年金で、老齢、遺族、障害という3つの基礎年金があります。公的年金の一元化のため昭和61年4月に発足し、全国民共通の制度となりました。

共済組合

一定の資格を有する人の病気、災害、退職等に関して療養費、見舞金、退職年金等の給付を行うため、相互救済を目的として組織され、特別法によって設立された組合のことをいいます。

強制加入

公的年金の各制度は、それぞれの法律によって対象となる人（被保険者）の加入を強制しています。

強制適用事業所

厚生年金保険法の規定により事業主や従業員の意思に関係なく、厚生年金保険制度を受け入れなければならない事業所のことです。昭和63年4月1日から常時1人以上を雇用する法人の事業所等も該当します。

拠出金

保険料を支払うことを「拠出金」といい、年金および一時金の給付をまかなう原資にあてるものです。

繰上げ支給

国民年金の老齢年金の支給開始年齢は65歳ですが、本人の請求によって60歳から65歳になるまでの間の希望するときから繰り上げて受給できます。このときの年金額は支給開始年齢によって決められた額に減額され、この額は終身続くことになります。

繰下げ受給

国民年金の老齢年金の支給開始年齢は65歳ですが、66歳に達した日以降の希望したときから支給開始を繰り下げることができる制度（70歳以降）です。老齢厚生年金も二重加入である国民年金の老齢基礎年金といっしょに繰り下げることになります。このときの年金額は支給開始年齢によって増額されたものとなります。

経過的加算

65歳前から受給できる特別支給の老齢厚生年金は定額部分と報酬比例部分から成り立っています。65歳になると定額部分が老齢基礎年金に変わりますが、65歳前と後では計算方法が違うため年金額に差が生じます。この差を埋めるために厚生年金から支給されるものです。

経過的寡婦加算

遺族厚生年金で中高齢の加算を受けていた妻が、65歳になると中高齢の加算がなくなるために代わりに支給されるものです。ただし、中高齢の加算と同額ではなく、妻の生年月日により金額が異なります。なお、昭和31年4月2日以降生まれの妻には経過的寡婦加算の支給はありません。

月額変更届

社会保険事務所に各人の標準報酬月額を登録してありますが、昇（降）給などにより従前より2等級以上変わったときに届け出るものです。

現況届

受給権者が毎年、誕生日月の末日までに社会保険業務センターへ返送するハガキ様式の書類です。この届けは、平成18年10月から住基ネットを活用して段階的に廃止されます。

厚生年金

民間会社に勤務する人が加入する公的年金の名称です。民間会社とは従業員が常時5人以上いる個人事業所、または法人会社で、そこに勤務することによって強制加入になっており、本人の意思で加入・未加入を決めることはできません。

厚生年金基金

厚生年金に加入して、事業主と被保険者で組織された年金制度を実施する特別法人のことで、厚生年金の報酬比例部分を国に代わって担当します。

公的年金制度

社会保障の一環として国等が運営の主体となっている年金制度をいい、一般的には国民年金、厚生年金、共済年金のことをいいます。また、共済年金には4つの共済があります。

公的年金等控除

公的年金の老齢年金・退職年金は雑所得として課税されます。公的年金等にかかる雑所得の金額は、その年中の公的年金等の収入金額から公的年金等の控除額を差し引いた残額であり、公的年金等の必要経費的なものです。65歳以上と未満によって控除額が変わります。

坑内員の特例

坑内員はサラリーマンなど非現業労働者に比べて業務上の危険が多いため年金加入期間を延ばす特典があります。これを「坑内員の特例」といいます。具体的には昭和61年3月までの加入期間には3分の4倍を乗じ、昭和61年4月から平成3年3月までの加入期間には5分の6を乗じます。

高齢任意加入被保険者

70歳以上で厚生年金に加入している人を

資料2　定年前後の手続用語ミニ解説

指します。厚生年金への加入は70歳未満までですが、その時点で老齢年金または退職年金の受給権を有しない人が任意で被保険者になれる制度です。保険料納付は、事業主が同意した場合は折半になりますが、原則は本人が全額負担です。

国民健康保険
被用者年金（厚生年金・共済年金）に入っていない人が病気・ケガをしたときの健康保険で、保険者は市町村（特別区を含む）と国民健康保険組合です。

国民年金
すべての国民が20歳以上60歳になるまで加入する公的年金で、老齢、障害、死亡について必要な給付を行います。被用者年金（厚生年金・共済年金）に加入している人も国民年金に二重加入になっており、2階建年金の1階部分を担当し、基礎年金が支給されます。二重加入は昭和36年4月まで遡及されます。

国民年金基金
国民年金の第1号被保険者（自営業者とその家族等）が受給できるのは2階建年金の1階部分のみであり、サラリーマン世帯（厚生年金）との年金額の差がかなりあるので、これらの人を対象とした基金です。

個人年金
公的年金以外の私的年金で、個人が自分の意思で受給年金額や受給開始年齢を決めて生命保険会社等と契約するものです。公的年金の不足分を補填する意味でも現在注目されており、種類も多種多彩です。

雇用保険（失業給付）
失業した労働者に必要な給付を行って生活の安定をはかり、求職活動を容易にして就職を促進するものです。

さ

在職老齢年金
老齢厚生年金の受給権を有する人が厚生年金の被保険者になったときに総報酬月額相当額と老齢厚生年金月額の合計額により、その年金を支給される制度です。なお、65歳前の場合は特別支給の老齢厚生年金と総報酬月額相当額の合算が28万円を超えると支給停止になり、65～70歳までは老齢厚生年金と総報酬月額相当額の合計が48万円を超えると一部減額または全額支給停止になります。

裁定請求書
公的年金の年金給付を受給する場合に必要とされる書類です。平成17年10月からは、老齢年金受給資格期間がある人についてターンアラウンド用の「国民年金・厚生年金保険老齢給付裁定請求書」が、60歳または65歳になる3か月前に自宅に郵送されるようになりました。

最低保障
公的年金の老齢（退職）、障害、遺族の年金給付の年金額を保障することです。

再評価
厚生年金の過去の標準報酬月額は、インフレ等により現在より非常に低いため、現在のものと同じ水準にするための計算のことです。

雑所得
所得税の10種類の所得区分の1つで、公的年金はこの区分に入ります。

算定基礎届
被保険者が実際に受ける報酬と、すでに決定されている標準報酬との差をなくすため、毎年1回、7月に行われる届け出です。

資格取得
各年金の被保険者の資格を得ることをいいます。厚生年金の場合は、適用事業所に雇用されるにいたった日で、会社が「資格取得届」を社会保険事務所に提出することで手続きができます。

資格喪失
各年金の被保険者の資格を失うことをいいます。厚生年金の場合は、①死亡した日、②その適用事業所に使用されなくなった日、それぞれの翌日から、あるいは③65歳に達したときは、その日に資格を失います。

支給開始
公的年金では、受給資格期間を満たした人に対して支給開始年齢が決まっています。各公的年金によりそれぞれ違いがあり、繰上げ、繰下げ、ならびに経過措置による特例があります。

支給開始年齢の特例
公的年金の老齢（退職）給付には支給開始年齢が決まっており、原則的な開始年齢のほかに、繰上げ、繰下げ、経過措置等により支給開始年齢が変えられることを「支給開始年齢の特例」といいます。一般的には原則的な年齢よりも早く受給できます。

支給停止
2つ以上の年金を受給できる権利がある場合、どちらか一方は原則として支給停止となります。たとえば、特別支給の老齢厚生年金を受給すると65歳になるまで老齢基礎年金は原則として支給停止となります。

支給要件（受給要件）
公的年金の老齢（退職）給付を受給するには受給開始年齢と受給資格期間の両方を満たしたときに受給できる要件を「支給（受給）要件」といいます。

市区町村の国民年金課
国民年金の給付等の手続窓口は、一般的に市区町村の国民年金課になっており、裁定請求書等の提出には一部、社会保険事務所が窓口の場合もあります。

時効
公的年金の老齢（退職）、障害、遺族の年金給付を請求する権利については、その支払事由が発生したときから5年間請求しないと、請求権が時効によって消滅しますが、5年以内のものは受給可能です。

事後重症制度
公的年金の障害給付の認定日に、その各公的年金の障害等級に該当しないときでも、その後にその障害が重くなって等級に該当したときに障害給付が受けられる制度です。この制度は65歳の前日までに等級に該当することが条件で、請求も65歳の前日までになっており、裁定請求した翌月から支給されます。

失権
公的年金の年金給付または一時金の受給権の消滅のことをいいます。一般的に多い失権は死亡したときです。

自動スライド制
物価も毎年変動するため、平成2年4月より公的年金額が毎年4月に消費者物価指数上昇分を考慮して自動的に改定される制度のことです。

支払期月
公的年金は、毎年偶数月（2・4・6・8・10・12月）の15日に支払われることになっており、15日が金融機関の休日のときは前営業日になっています。なお、国民年金の老齢福祉年金は4・8・11月です。

死亡一時金
国民年金の第1号被保険者として保険料を3年以上納付した人が、老齢基礎年金および障害基礎年金の給付を受けずに亡くなり、遺族年金も発生しない場合に支給されるものです。

死亡の推定
年金制度の被保険者が死亡した場合には遺族年金が発生しますが、生死がわからない場合もあり、たとえば船舶や航空機事故等で3か月生死がわからないとき、その他の行方不明のときは民法上の失踪宣告が出された時点（行方不明が7年後）が死亡と推定されます。

社会保険事務所
厚生年金・国民年金等の適用事務、給付等の業務処理を行うための社会保険庁の出先機関です。

社会保険料控除
社会保険の保険料を自己またはその扶養親族のために支払ったときは、所得税法上、その人のその年の総収入から控除されることをいいます。

社会保険労務士
労働基準法や労働安全衛生法、労働および社会保険諸法令にもとづいて行政官庁に提出する申請書等を事業主に代わって作成する専門家のことです。

受給権が消滅する日
公的年金の老齢（退職）、障害、遺族の年金給付を受けられなくなった日に受給権が消滅します。年金は受給権が消滅した月まで受給できますので未支給が発生します。一般的な受給権の消滅理由は死亡です。

受給権が発生する日
公的年金の老齢（退職）、障害、遺族の年金給付を受けられるようになった日の月から受給権が発生し、年金は受給権の発生した月の翌月から支給されます。しかし、裁定請求の手続等をしないと受給権が発生しません。

受給権者
年金の受給権を有する人のことです。

受給資格
公的年金制度においては、定められた条件を満たして退職したとき、年金あるいは一時金が支給されます。この条件のことを「受給資格」といい、老齢または退職年金は保険料の納付済期間が原則として25年以上あり、60歳になっていることが必要です。

受給資格期間
各公的年金の給付は一定の受給資格期間を満たさないと受給できません。一般的には被用者年金（厚生年金・共済年金）では加入期間が20年以上、国民年金では納付期間、免除期間、合算対象期間（カラ期間）の合算期間が25年以上必要です。

障害基礎年金
国民年金の被保険者が障害の状態になったときに、国民年金から支給される障害年金です。原則として国民年金の被保険者が対象です。

障害給付
一定の障害の状態になった場合に支給される年金や一時金の総称をいいます。ただし、基金等にはありません。

障害共済年金
共済年金の組合員である人が、その共済年金から支給される年金で、障害基礎年金に上積みして支給される年金のことです。

障害厚生年金
厚生年金の被保険者が一定の障害の状態

になったとき、国民年金の障害基礎年金に上積みして支給される年金のことです。

障害手当金
厚生年金の被保険者が障害厚生年金を受給できない程度の障害になった場合に支給される一時金のことです。

障害認定日
初診日から1年6か月、または病気等が治ったときに障害の程度を決める日のことをいいます。障害給付は初診日に何の公的年金に入っているかによってその年金が対象になり、加入期間の長短には関係ありません。また、事後重症制度もあります。老齢基礎年金や障害厚生年金と併給される場合があります。

女子の特例
女性は男性と比べると長期に働くことはあまりなく、厚生年金に20年以上加入することもままならないため、老齢厚生年金の受給資格要件に女子の特例として「35歳以降の厚生年金被保険者期間が15年以上」というものがあります。男性が「40歳から」になっているのに比べると5年間も有利になっています。さらに、65歳前の特別支給の老齢厚生年金の受給についても、男性は昭和16年4月2日以降生まれの人から定額部分が65歳へ引き下げられていくのに対し、女性は昭和21年4月2日以降生まれとなっており、5年間の有利性があります。

私立学校教職員共済
私立学校の教職員を対象として、国家公務員等共済組合とほぼ同様の事業を行うことを目的として設立された共済組合です。

生計維持関係
遺族年金等では、被保険者であった人に生計を維持されていた遺族であることが重要な受給要件です。必要な条件は、遺族と死亡者の間の生計が同一で、遺族の年収が850万円未満であることです。

船員の特例
厚生年金の第3種被保険者である船員と坑内員は平成3年3月31日まで特例が設けられており、昭和61年4月1日前の期間は実際の加入期間の3分の4倍、昭和61年4月1日から平成3年3月31日までの期間は、実際の加入期間の5分の6倍した期間を被保険者期間とみなして計算されます。

選択一時金
厚生年金基金の受給権者の選択により、年金に代えて支給される一時金のことをいいます。

全部繰上げ
特別支給の老齢厚生年金の受給権者が65歳より前に老齢基礎年金を全部繰り上げることです。

た

第1号被保険者
国民年金の被保険者のうち、一般的には自営業者とその家族の人たち、また、無職の人や学生が該当します。

第1種被保険者
厚生年金の被保険者のうち厚生年金基金に加入していない男子被保険者です。

第2号被保険者
国民年金の被保険者のうち、厚生年金や共済年金にも加入している人たちのことです。いわゆる「二重加入」者です。

第2種被保険者
厚生年金の被保険者のうち、厚生年金に加入していない女子被保険者のことをいいます。

第3号被保険者
　国民年金の被保険者のうち、第2号被保険者（厚生年金・共済年金の加入者）に扶養されている配偶者の人たちのことをいいます。

第3種被保険者
　厚生年金の被保険者のうち、船員・坑内員のことをいいます。

第4種被保険者
　会社を退職後も自分だけで厚生年金に加入している人のことで、老齢給付を受けるための期間に不足する場合に、適用事業所に使用されなくなった後も任意継続という形で厚生年金の被保険者になれます。この制度は、昭和61年の改正で原則的に廃止されましたが、経過的な措置として、昭和16年4月1日以前に生まれ、昭和61年4月1日に被保険者であった人などは、この制度を使えます。

待機期間（国民年金）
　国民年金の老齢基礎年金は原則として65歳からの支給ですが、60歳からでも繰上げ受給することができます。待機期間とは、65歳になるまで受給しないで待っている期間のことです。

待期期間（雇用保険）
　失業給付で求職の申込みを行った人は一定の待期期間があり、通常7日間を経過したあと失業給付が受けられます。

退職共済年金
　共済年金の加入者が65歳から受給できる年金で、報酬比例部分と職域加算額で構成され、国民年金の老齢基礎年金に上積みして支給されるものです。65歳前には特別支給の制度があり、このしくみは厚生年金と似ています。

脱退手当金
　厚生年金の被保険者が経過的に受給できる一時金のことで、被保険者期間が5年以上（昭和61年4月1日時点で45歳以上）で、いずれの年金も受給できない60歳以上の人に、その期間分の手当金が支給されます。

地方公務員等共済組合
　地方公務員（都道府県ならびに市町村職員、公立学校の教職員、警察職員等）を対象として国家公務員等共済組合とほぼ同様の事業を行うことを目的に設立された組合です。

中高齢の加算
　35歳以上の妻が遺族厚生年金を受給するときに一律の金額が上乗せして支給される部分です。受給できるのは、遺族である35歳以上の妻が40歳から65歳になるまでの間支給されます。65歳になると経過的寡婦加算となります。

追納
　国民年金の被保険者で保険料の免除を受けている人が、将来、老齢給付を増額させたいと希望する場合に追加で納付できる制度のことをいいます。

通常受給
　厚生年金加入期間が1年以上ある受給権者が、国民年金の老齢基礎年金を繰り上げないで受給することです。

定額部分
　特別支給の老齢厚生年金の一部です。計算する場合に定額単価に乗率と被保険者月数を乗じたものです。年金額が在職中の報酬（納付した保険料）にある程度比例せず、誰でも平等に定額を支給される部分です。

適用事業所

強制適用事業所ともいわれ、厚生年金では、法律により事業主や従業員の意思に関係なく必ず適用事業所とされる会社のことをいいます。昭和63年4月1日から常時1人以上を雇用する法人が該当するとされました。

当然被保険者

本人の意思にかかわらず法の定めによって当然に被保険者になる者をいいます。別名「強制被保険者」ともいいます。

特別支給の老齢厚生年金

60歳から65歳になるまでの間、厚生年金から支給される老齢年金です。

得喪

厚生年金で「得喪」というと、得は入社日、つまり厚生年金に加入した日で、喪は退職日の翌日、つまり退職日の翌日で被保険者資格を喪失した日をいいます。

な

二重加入

昭和61年4月の年金大改正に伴い、被用者年金（厚生年金・共済年金）の人は国民年金にも二重加入することになりました。

任意加入

国民年金や厚生年金の強制加入となっていない人が、自分で希望して申し出ることによって加入する方法で、一定の条件が必要です。

任意継続被保険者

会社を退職して厚生年金の被保険者でなくなった人が、引き続いて厚生年金に加入する方法です。通称は「第4種被保険者」と呼ばれ、新法では経過措置として残っています。①被保険者期間が10年以上あるが20年（中高齢期間短縮で15年）未満であり、②昭和16年4月1日以前生まれであること、③昭和61年4月1日以降退職まですべての期間が厚生年金被保険者であることが条件です。

年金手帳（被保険者証）

厚生年金、国民年金共通の手帳のことで、年金を請求するときに必要な年金手帳番号、就職（資格取得）、転職・退職（資格喪失）等の事項をすべて収録しています。この番号は原則として1人に1つです。

農業者年金基金

農業者年金基金法により農業者の老齢について、厚生年金なみの年金給付を行う目的で農家を対象とした基金です。

は

配偶者特別加算

加給年金を受給する権利のある人の配偶者が昭和9年4月2日以降に生まれた人で65歳未満の配偶者がいる人にさらに加算されることをいいます。

ハガキの裁定請求書

特別支給の老齢厚生年金を受給している人に、65歳になる月の上旬くらいに郵送されてくるハガキです。これを返送することにより国民年金の老齢基礎年金の請求と住所が確認されることになります。

被扶養配偶者

厚生年金の被保険者に扶養されている配偶者のことで国民年金の第3号被保険者に該当する人のことです。

被保険者期間

厚生年金や国民年金の被保険者であった期間のことで月単位で数えます。この期間は受給資格と年金額計算の基礎になりま

す。厚生年金と国民年金の期間の計算は同じで、被保険者になった月から資格がなくなった月の前月までを数えます。

標準報酬月額
厚生年金の被保険者の給料を、保険料や年金額計算の基礎にするために区分したものです。この「給料」は30等級に区分されていて、報酬賃金、給料、俸給、手当、その他いかなる名称であるかを問わず、労働者が労働の対価として受けるすべてのもの（例外あり）をいいます。

付加年金
定額の国民年金保険料を納付した場合に老齢基礎年金に上積みされる年金です。第1号被保険者に適用される制度です。

付加保険料
付加年金の保険料は月額400円で、これが200円×納付済月数＝年金額で計算され、老齢基礎年金といっしょに支給されます。

物価スライド制
年金の実質的価値を維持するため、消費者物価の上昇・下降があれば、それを考慮して年金額を改定していく方法です。

振替加算
老齢厚生年金の加給年金を、配偶者の老齢基礎年金に上積みする形で振り替えたもので、配偶者が65歳から受給できる形になります。

併給調整
2つ以上の公的年金から受給できる場合に行われる調整のことで、昭和61年の法改正によって全国民共通の国民年金の基礎年金制度が導入されたことに伴い、従来からの重複給付や過剰給付が整理されました。新法では一人一年金が原則とされ、2つ以上の権利があるときは、1つが支給停止になります。

平均標準報酬月額
厚生年金において、年金額決定の基礎となる期間の各月の標準報酬を平均したものをいい、月額で表示します。昭和48年の改正以来、過去の報酬を一定倍率を乗じて再評価して読み替えることになりました。また、昭和32年10月1日以前の被保険者期間は、この算定の基礎とはされません。

平均余命
余命とは、ある年齢から死亡までの年数をいい、それを平均的に算出したものをいいます。

報酬比例部分
特別支給の老齢厚生年金の一部で平均標準報酬月額および平均標準報酬額と厚生年金被保険者月数を使って算出します。

法定免除
障害にもとづく給付を受けている人、生活保護等を受けている人など、法律によって決められた所得条件を満たすと免除になることです。

保険者
年金保険契約における生命保険会社、社会保険における国・地方公共団体等のように、保険事故が発生した場合に、その損害を塡補し、その給付を行う義務を有する者のことをいいます。

保険料
年金や保険制度のうえで、給付を受けるために拠出する金銭のことをいい、これを負担することで、原則として給付が受けられます。

保険料滞納期間
国民年金の第1号被保険者は保険料を納付しなければなりませんが、免除が適用さ

れない人が保険料を納付しない期間をいいます。

保険料納付済期間

国民年金保険料を納付した期間です。この期間は老齢基礎年金の年金額に影響するとともに遺族年金や障害年金の受給要件にもかかわります。

保険料免除期間

20歳から60歳になる前月まですべての国民は国民年金に強制加入になっています。しかし、保険料を納付する能力がない人は未納になってしまいます。そこで障害年金受給者や生活保護法による生活扶助を受けている人や、それ以外にも保険料を納付することが著しく困難なときに申請し免除された期間のことです。

ま

未支給の給付

受給権者が死亡した場合において、その者に支給すべき保険給付で、まだその者に支給しなかったものをいいます。これを受けられる遺族は、配偶者、子、父母、孫、祖父母または兄弟姉妹で、生計を同じくしていた人です。

無拠出制

公的年金、とくに国民年金の保険料を納付（拠出）しない制度です。一定の条件があれば保険料をまったく納付しなくても済む場合があります。

無年金者

公的年金には一定の加入（納付等）期間等がないと受給要件が整いません。この要件に該当しない人を無年金者といいます。

ら

老齢基礎年金

国民年金の老齢年金のことで、支給は原則として65歳からです。国民年金保険料納付済期間等が25年以上あることが受給資格要件になります。

老齢給付

国民年金・厚生年金で、支給開始年齢と受給資格期間が合致したとき受給できる年金をいい、老齢基礎年金、老齢厚生年金、特別支給の老齢厚生年金がこれに該当します。退職共済年金は名称として「退職」といっていますが、広い意味の老齢給付で、基金や適格年金も老齢給付の範囲に入ります。

老齢厚生年金

厚生年金保険制度の「老齢」を支給原因とする年金です。65歳以降、老齢基礎年金に上乗せする形で支給されるものです。

■著者紹介

田中章二（たなか・しょうじ）

Part 1～5を執筆。社会保険労務士、年金評論家、年金研究家、DCインストラクター。1948年、東京に生まれる。1974年、田中社会保険労務士事務所を開設。全国の都銀、地銀、信用金庫、信用組合、県信連、生命保険会社等で年金相談、確定拠出年金の導入指導、研修ならびに講演の講師として活躍中。現在、東京都社会保険労務士会年金指導員、年金スクールアカデミー校長、年金検定創設者となる。ラジオ「年金なんでも相談」を放送中。テレビでも年金・社会保障関係で出演。週刊誌、月刊誌、新聞などで年金関係の記事を掲載中。

主な著書に『年金なんでも相談室』（日本経済新聞社）、『年金のすべてが面白いほどわかる本』（中経出版）、『社会保険料を安くする方法』（WAVE出版）、『年金給付・手続集』『総報酬制の削減対策』（近代セールス社）など。

◆田中章二の「年金かけ込み寺」

年金等のことでお困りの方は、EメールかFAXで下記までご連絡ください。有料の場合もあります。

　Eメール　info@tanaka-nenkin.com
　FAX　03-3764-4528

福原邦雄（ふくはら・くにお）

Part 6を執筆。公認会計士・税理士。1945年、千葉県に生まれる。慶応義塾大学を卒業後、ハマ化成（現シーアイ化成）株式会社、福原雄吉税理士事務所を経て1984年に福原公認会計士事務所を設立。中堅・中小企業の経理、税務、事業承継、相続税対策、監査業務、経営指導等を積極的に行い、常に経営者らの"良き相談相手"となることを目指し、多くの関与先から高い評価を得ている。会社や個人などの別を問わず、税務と財産づくりの総合コンサルティングを通して、関与先の"夢の実現"のためにお手伝いすることをモットーに今日も東奔西走している。弁護士、社会保険労務士、不動産鑑定士、司法書士等の専門家集団とも提携、"よろず相談"ができる「お役立ち会計事務所　全国100選」（㈱実務経営サービス）のメンバーでもある。主な著書に『財産を生かして守るあなたのための相続税対策』（事務所経営研究協会）、『ビッグバン時代の銀行活用法』（共著、財務支援研究会）、『社長、その「税金」は払いすぎ！』（共著、あさ出版）など多数。

　Eメール　fkj@f5.dion.ne.jp
　FAX　03-3758-2608

[図解] 知りたいことがすぐわかる
Q&A 定年前後の手続ガイドブック（平成18年度版）

2006年10月10日　発行

著　者　田 中 章 二／福 原 邦 雄 ©
発行者　小 泉 定 裕

発行所　株式会社 清文社
　　　　東京都千代田区神田司町2-8-4（吹田屋ビル）
　　　　〒101-0048　電話 03（5289）9931　FAX 03（5289）9917
　　　　大阪市北区天神橋2丁目北2-6（大和南森町ビル）
　　　　〒530-0041　電話 06（6135）4050　FAX 06（6135）4059
　　　　URL http://www.skattsei.co.jp/

■本書の内容に関する御質問はファクシミリ（03-5289-9887）でお願いします。　　亜細亜印刷株式会社
■著作権法により無断複写複製は禁止されています。落丁本・乱丁本はお取替えいたします。

ISBN4-433-34906-2 C2034

清文社図書のご案内

平成18年4月改訂 社会保険・労働保険の事務百科

社会・労働保険実務研究会 編

約100例の届出様式記載例を網羅！
常に手元において使えるように工夫した実務対応版！

■A5判・628頁／定価：2,730円（税込）

平成18年5月現在 オール図解でスッキリわかる 社会保険・労働保険・人事労務の事務手続

社会保険労務士　五十嵐　芳樹　著

主な労働管理と健康保険、厚生年金、労災保険、雇用保険及び求人関係と制度と手続内容を完全カバー

■B5判・676頁／定価：3,675円（税込）

平成18年度版 オール図解でスッキリわかる 介護保険の実務ガイドブック

社会保険労務士　五十嵐　芳樹　著

新介護保険制度の仕組みから事務手続きまで、
図表と書式記載例を交えわかりやすく解説。

■B5判・456頁／定価：3,150円（税込）

平成18年版●基礎からの完全マスター 給与計算実践ガイドブック

KPMGビジネスリソースマネジメント株式会社
　　HRサービスグループ　編著

給与計算の仕組みと事務手続きのすべてがわかる！

■B5判・368頁／定価：2,520円（税込）

◎お申し込み・お問い合わせは清文社営業部（TEL:03-5289-9931／FAX:03-5289-9917）まで